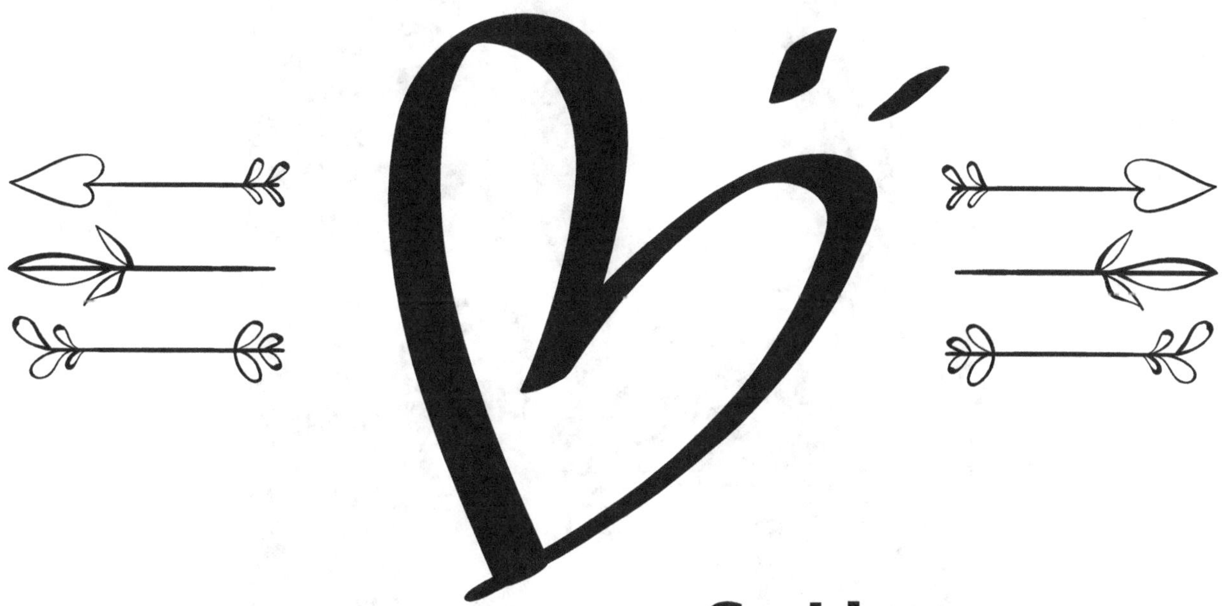

Ce Livre

Appartient à

UN CAMION LIVRE DE COLORIAGE

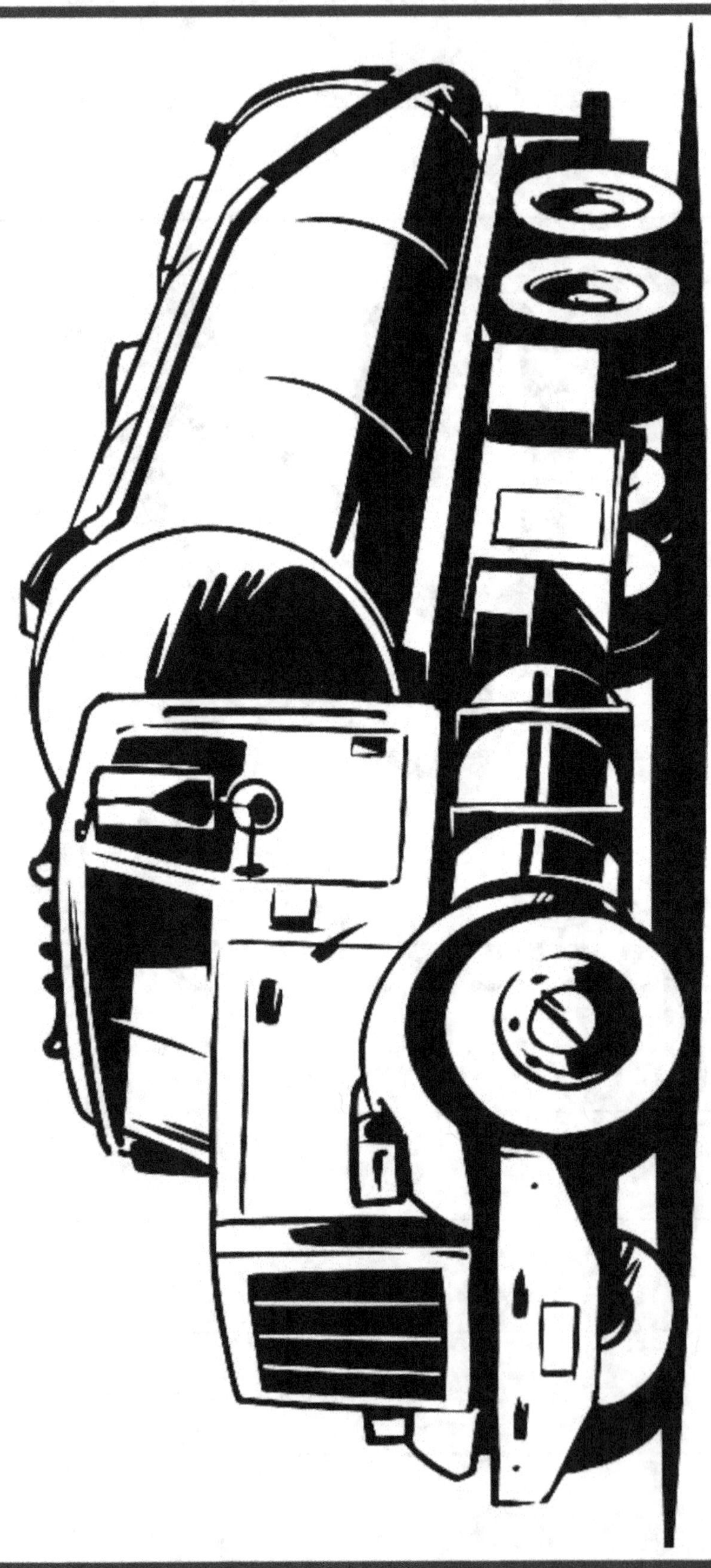

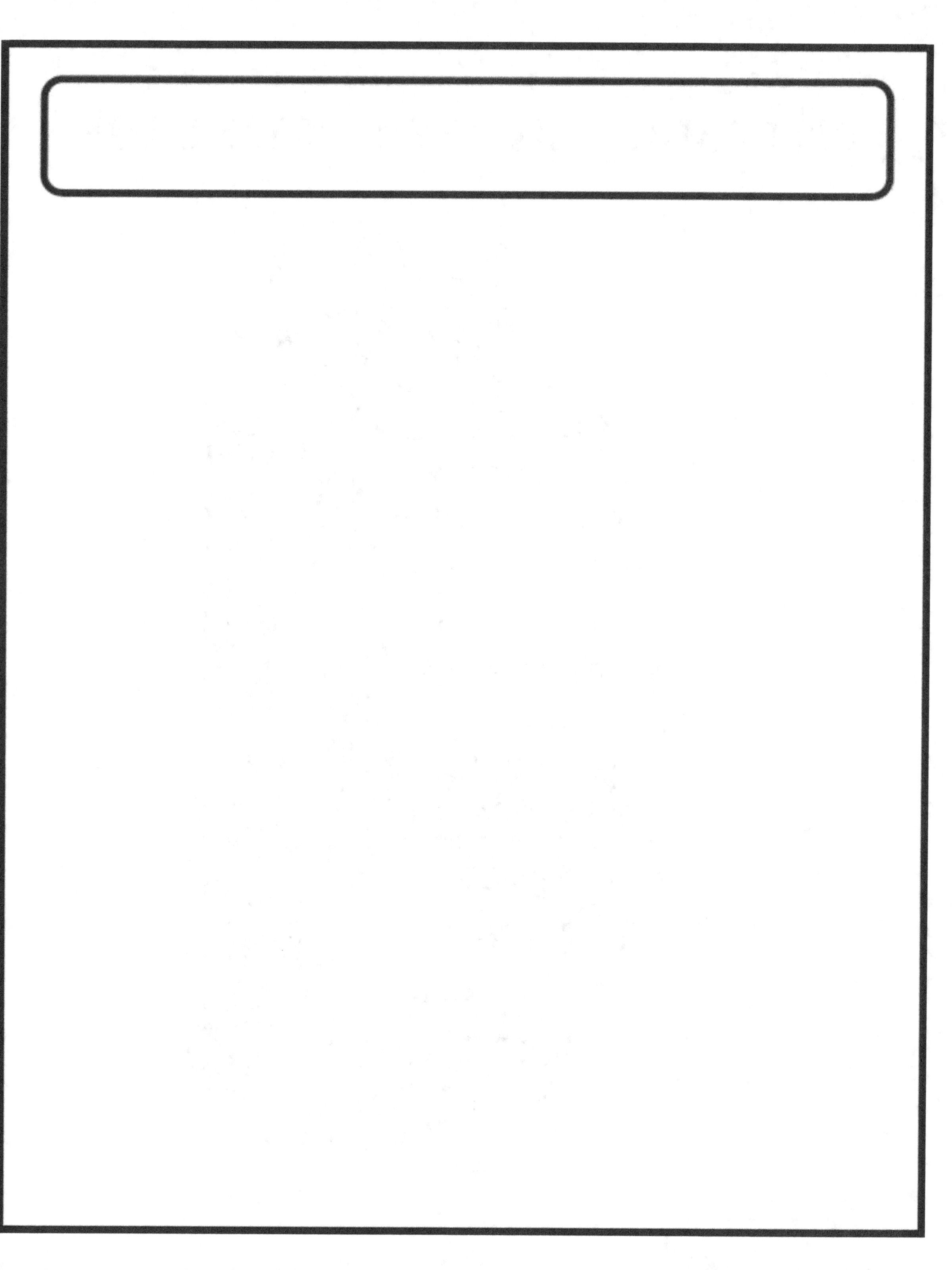

UN CAMION LIVRE DE COLORIAGE

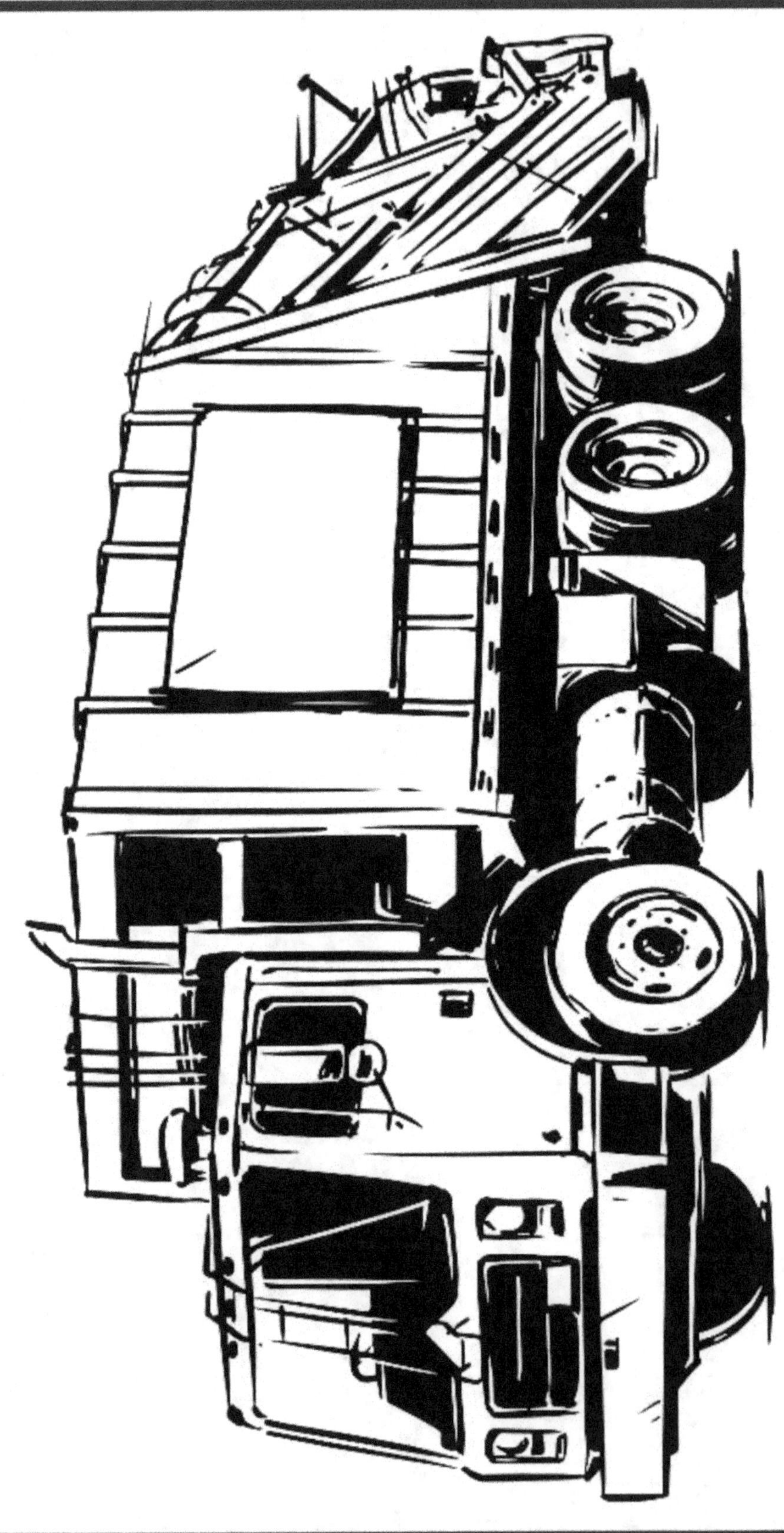

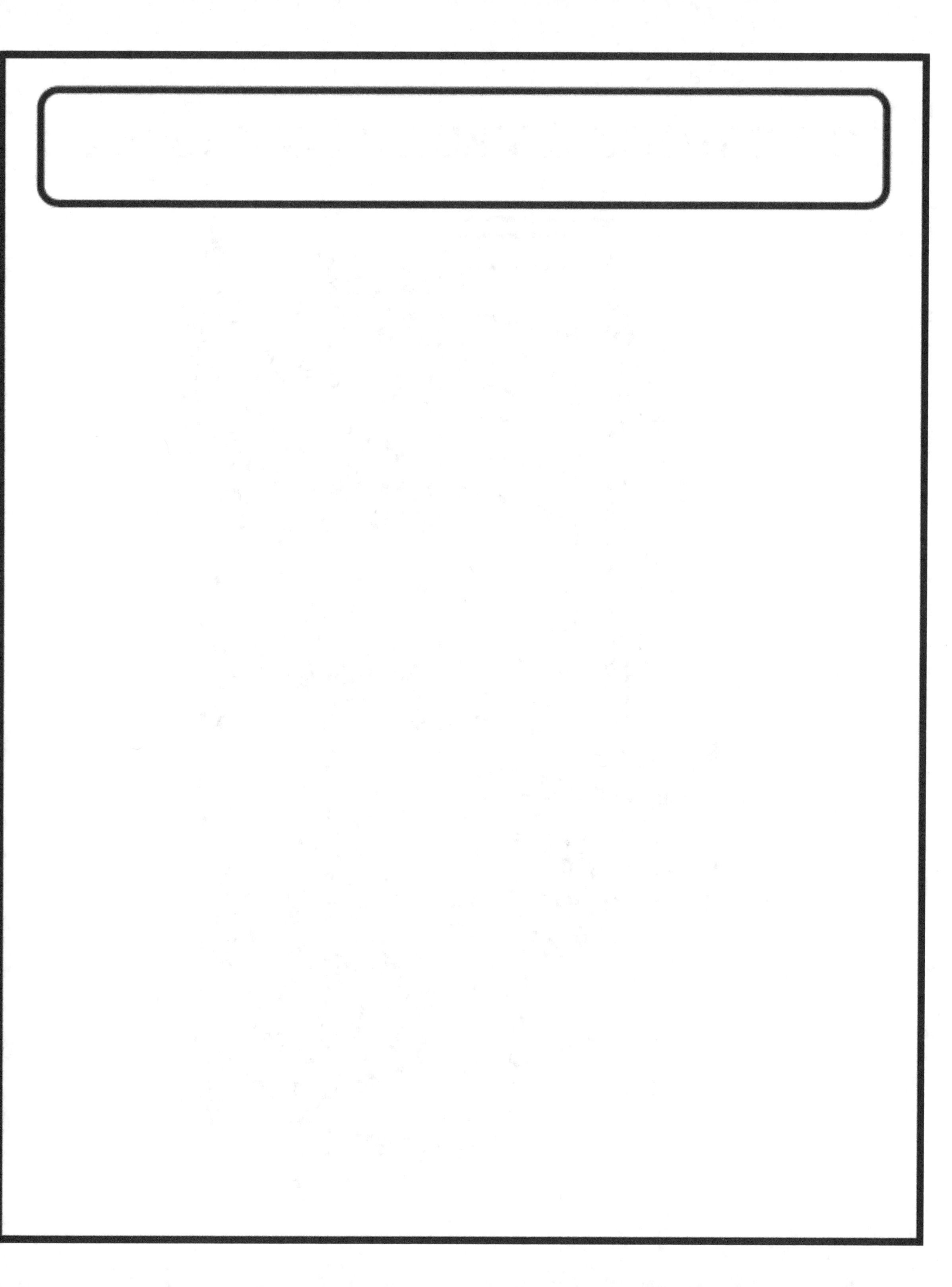

UN CAMION LIVRE DE COLORIAGE

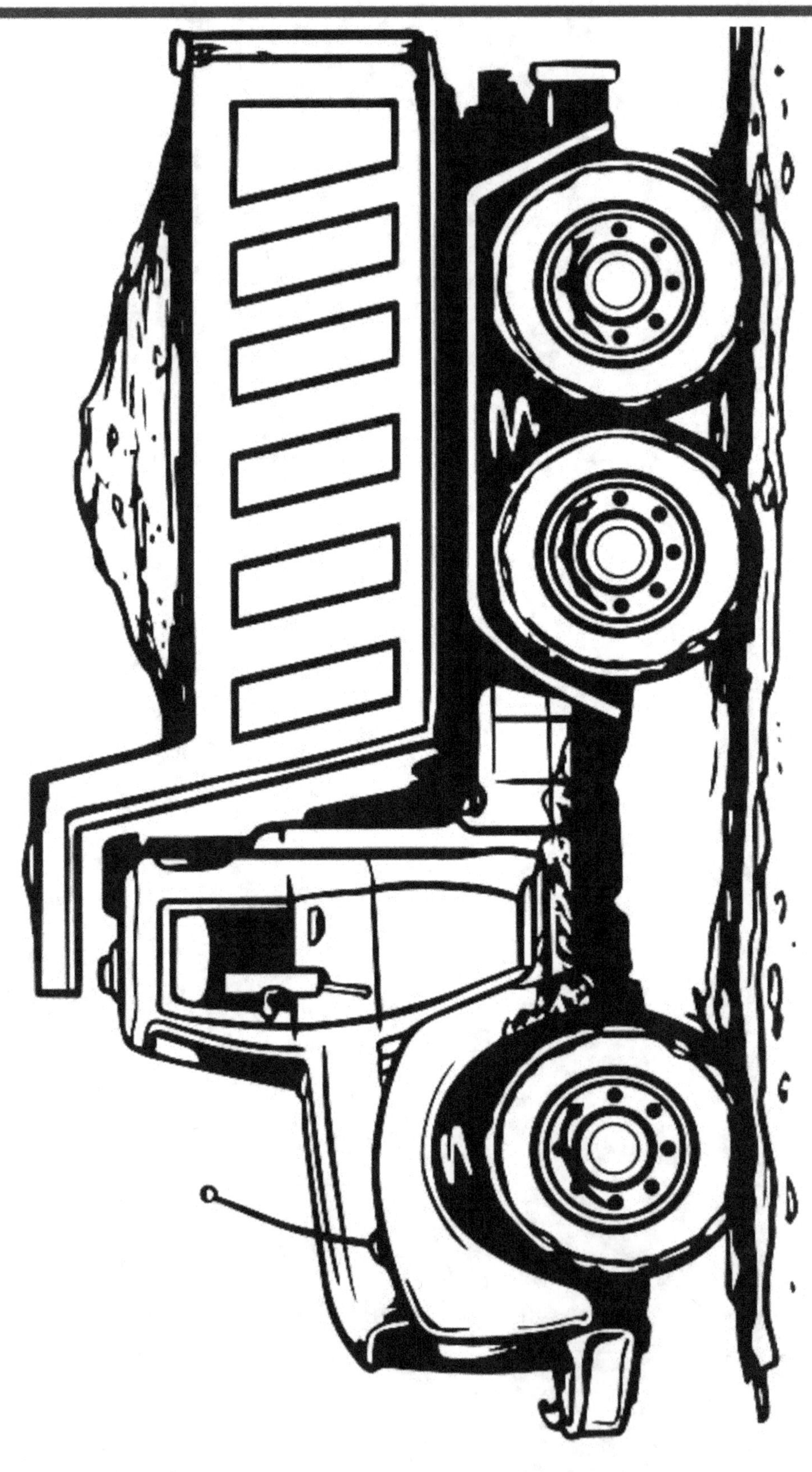

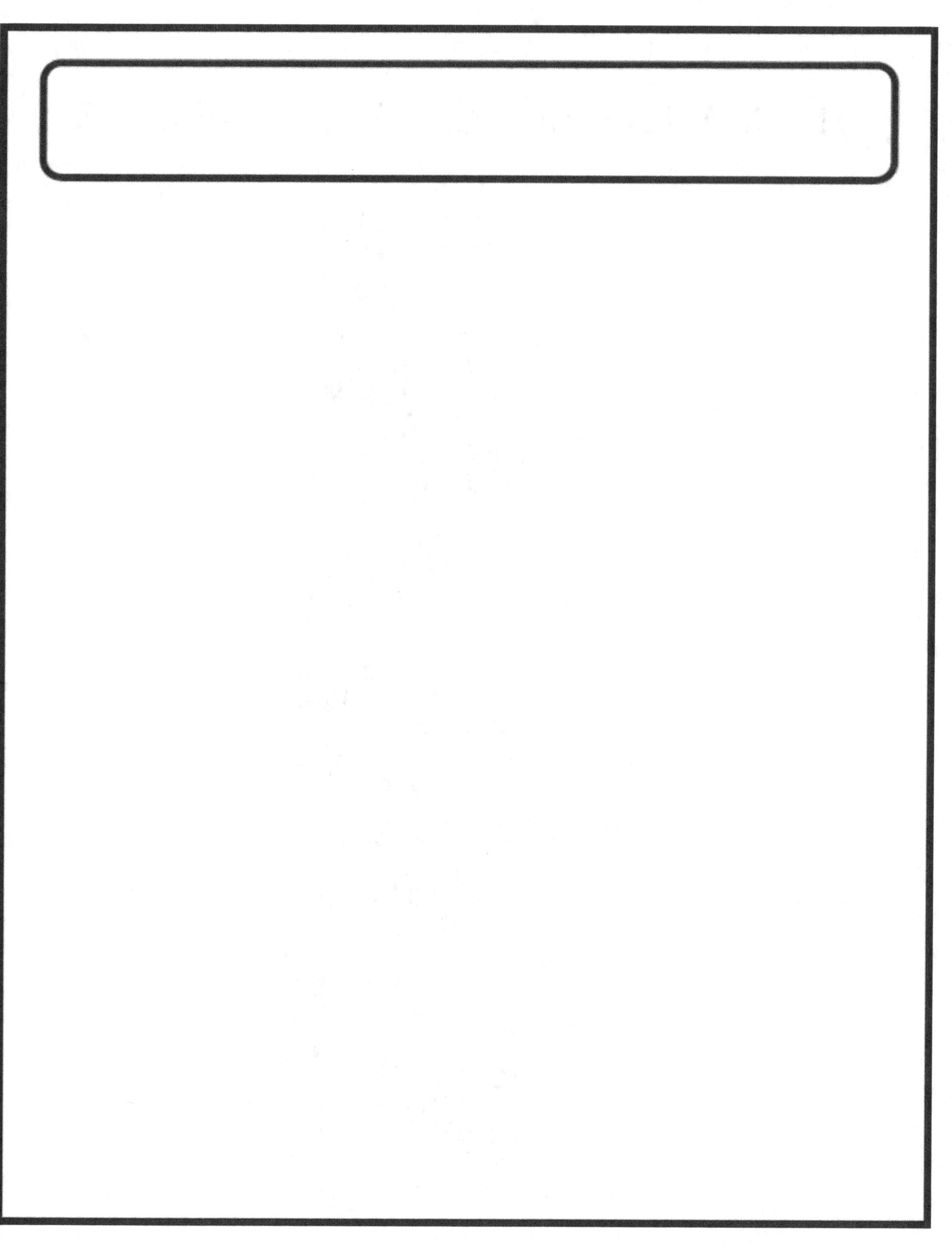

UN CAMION LIVRE DE COLORIAGE

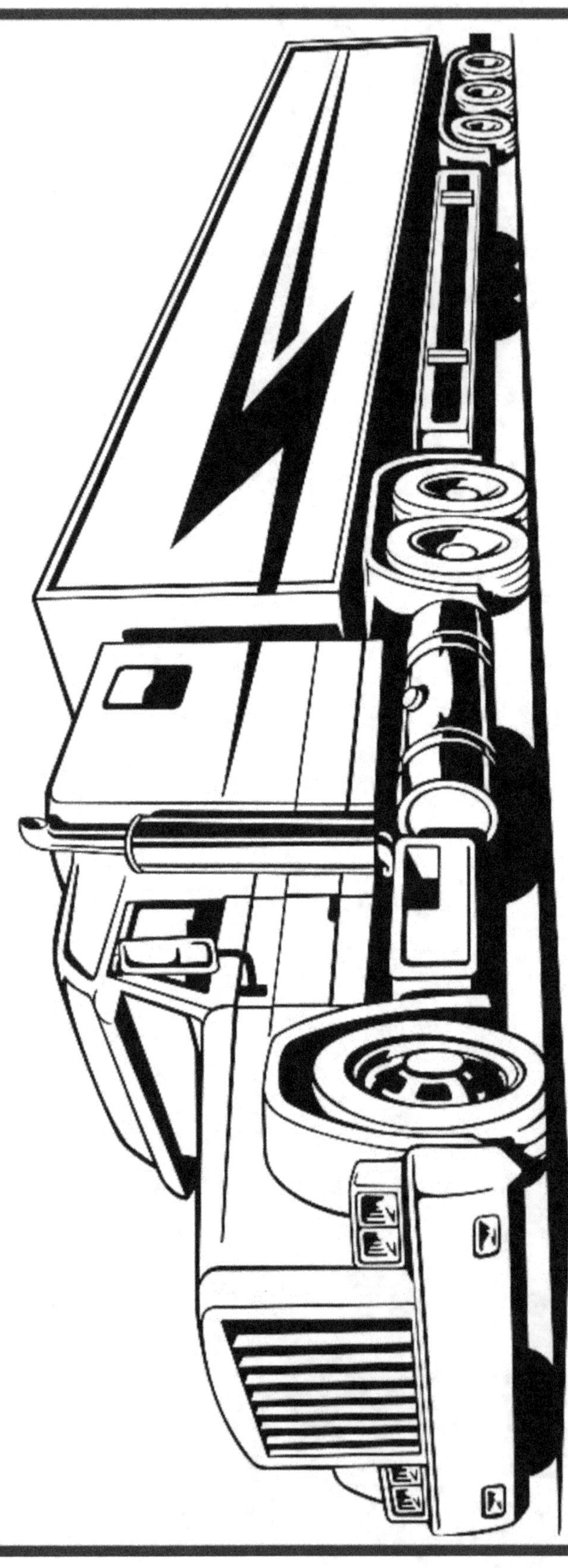

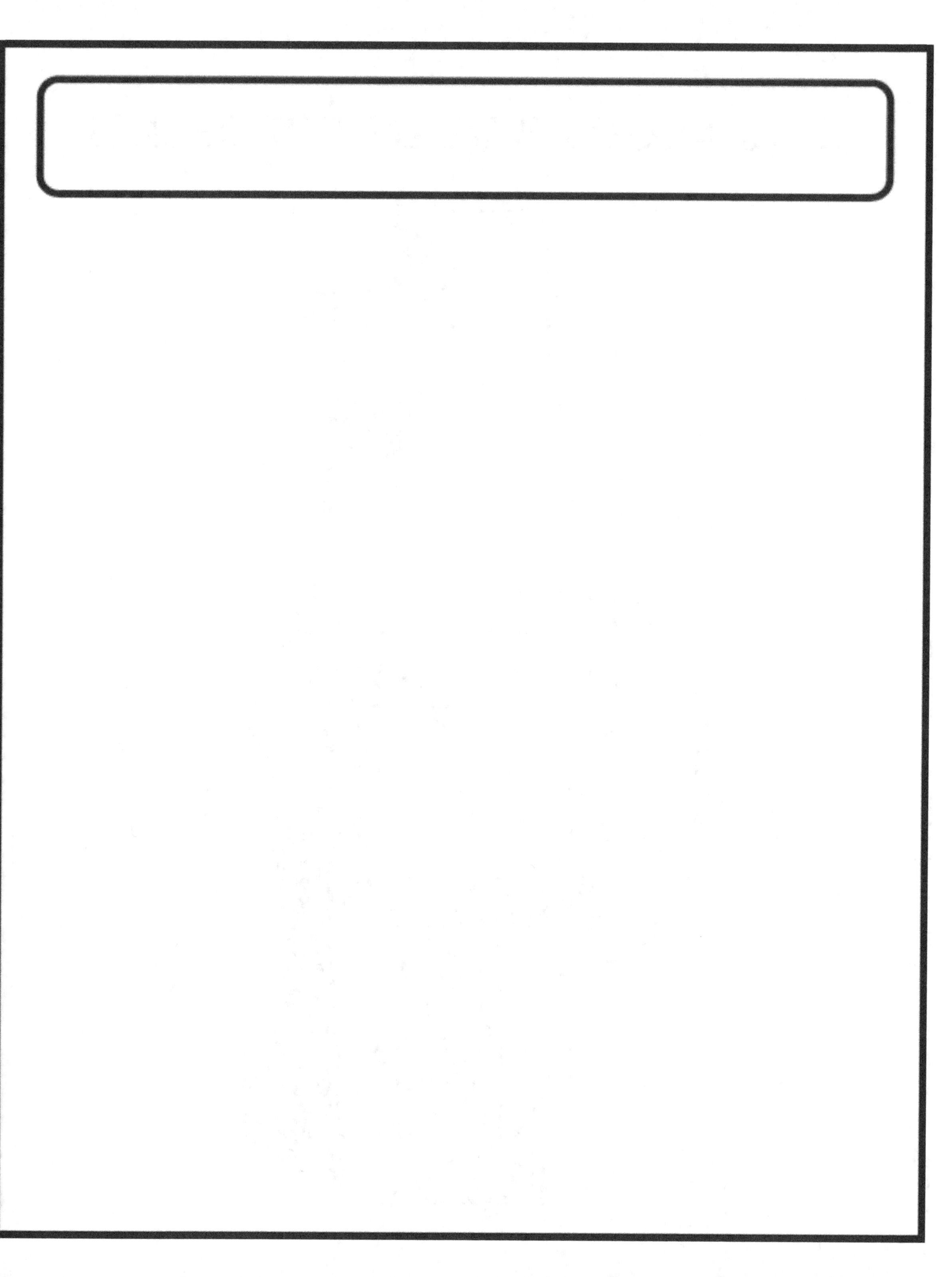

UN CAMION LIVRE DE COLORIAGE

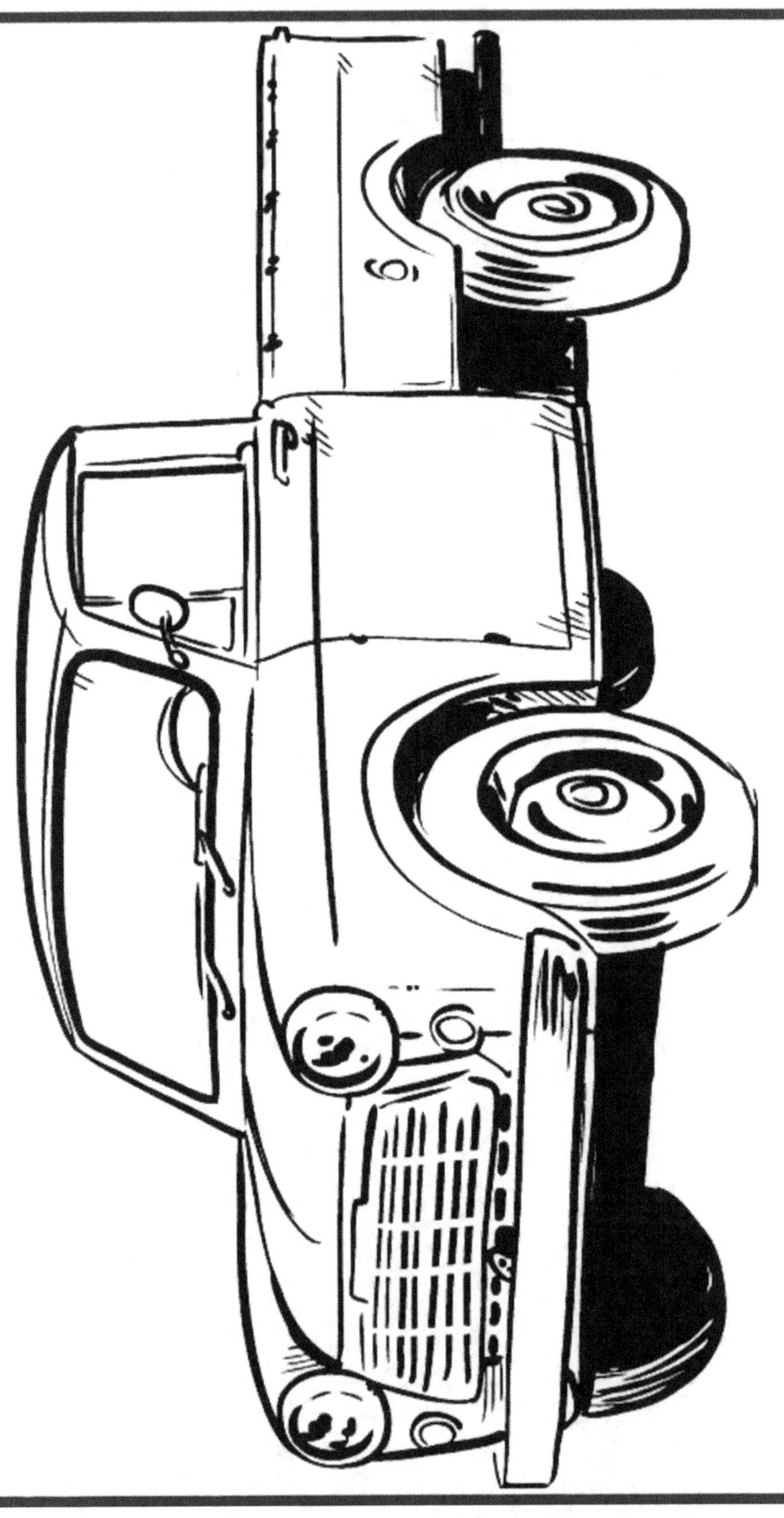

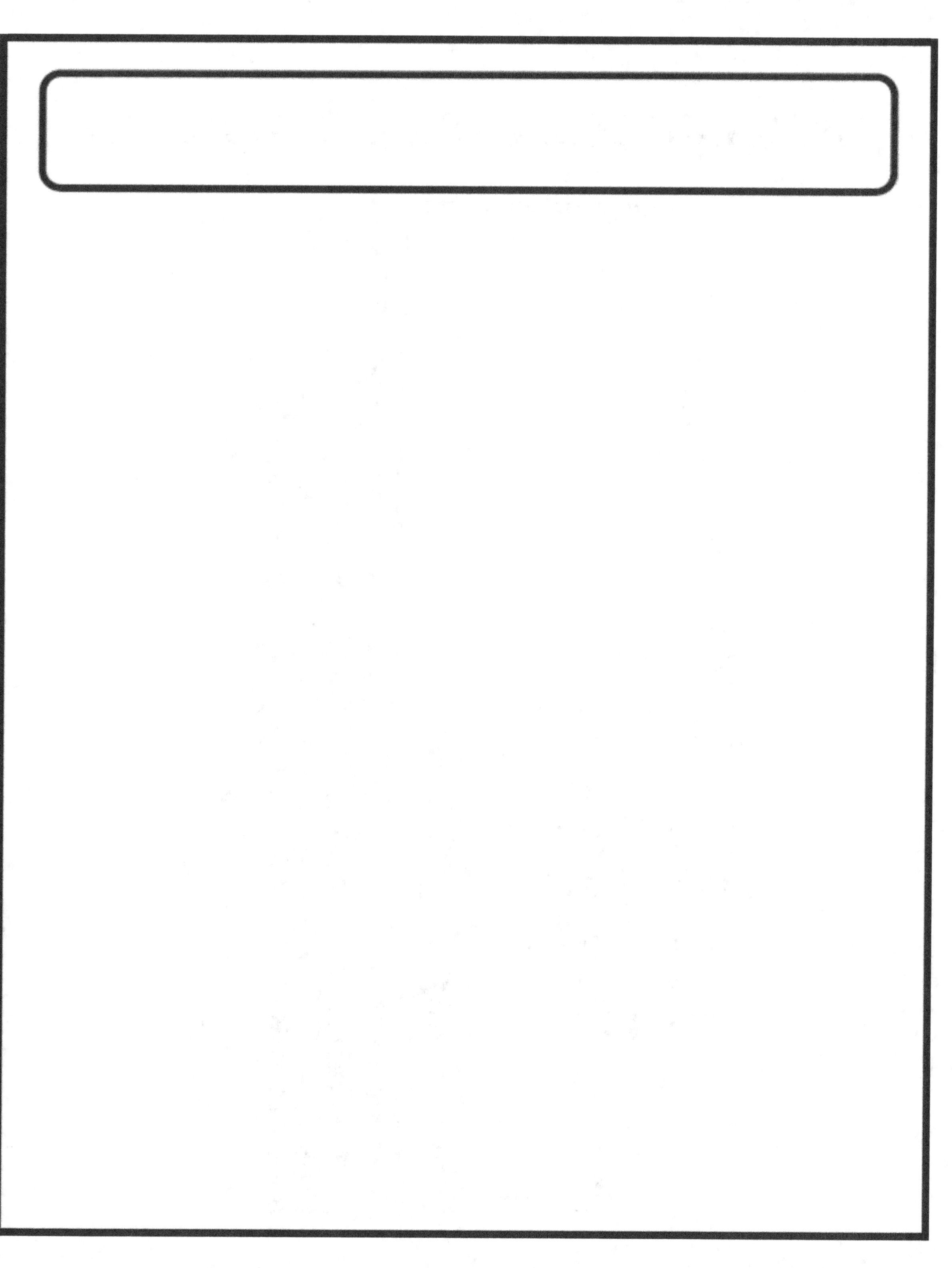

UN CAMION LIVRE DE COLORIAGE

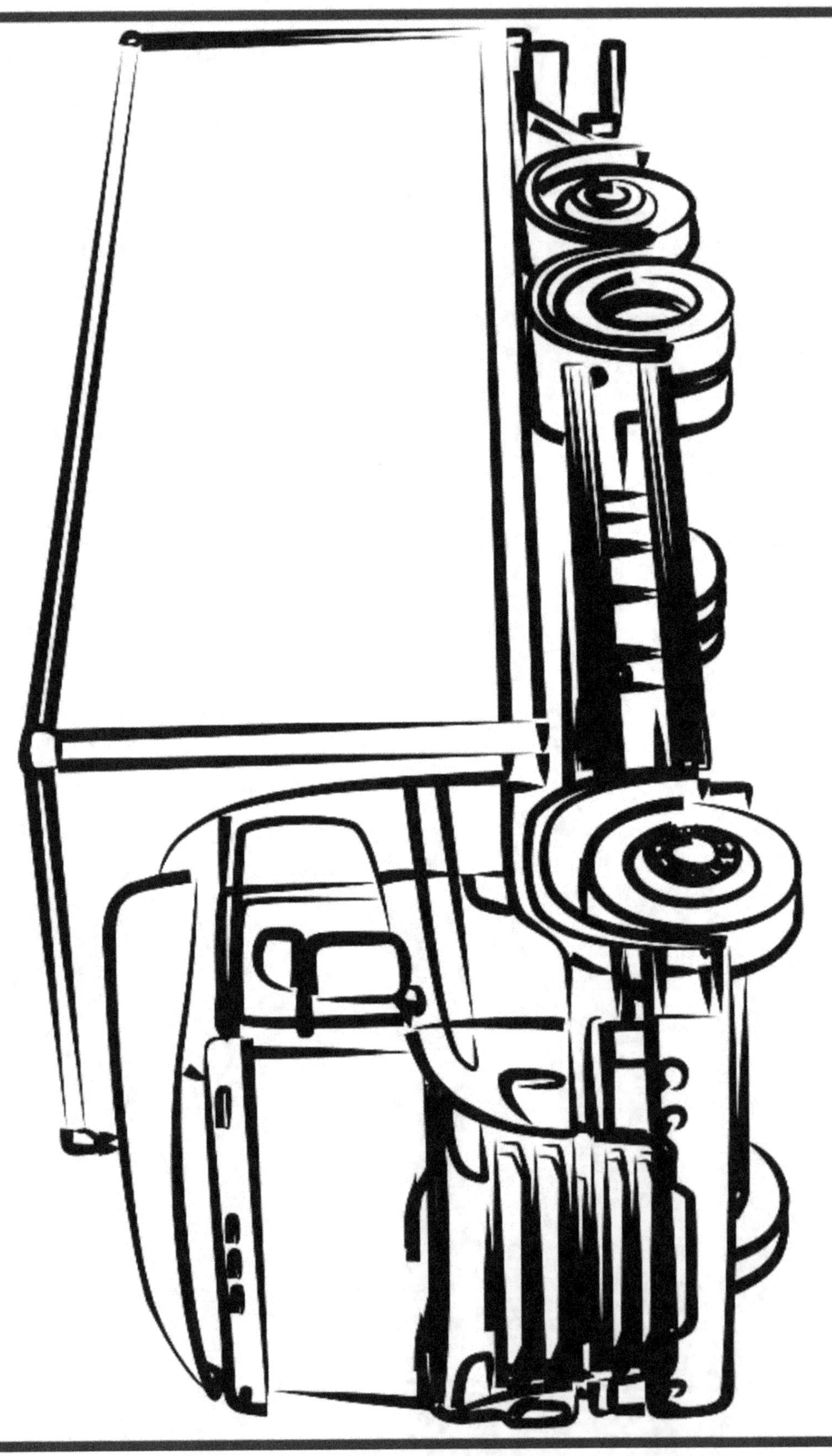

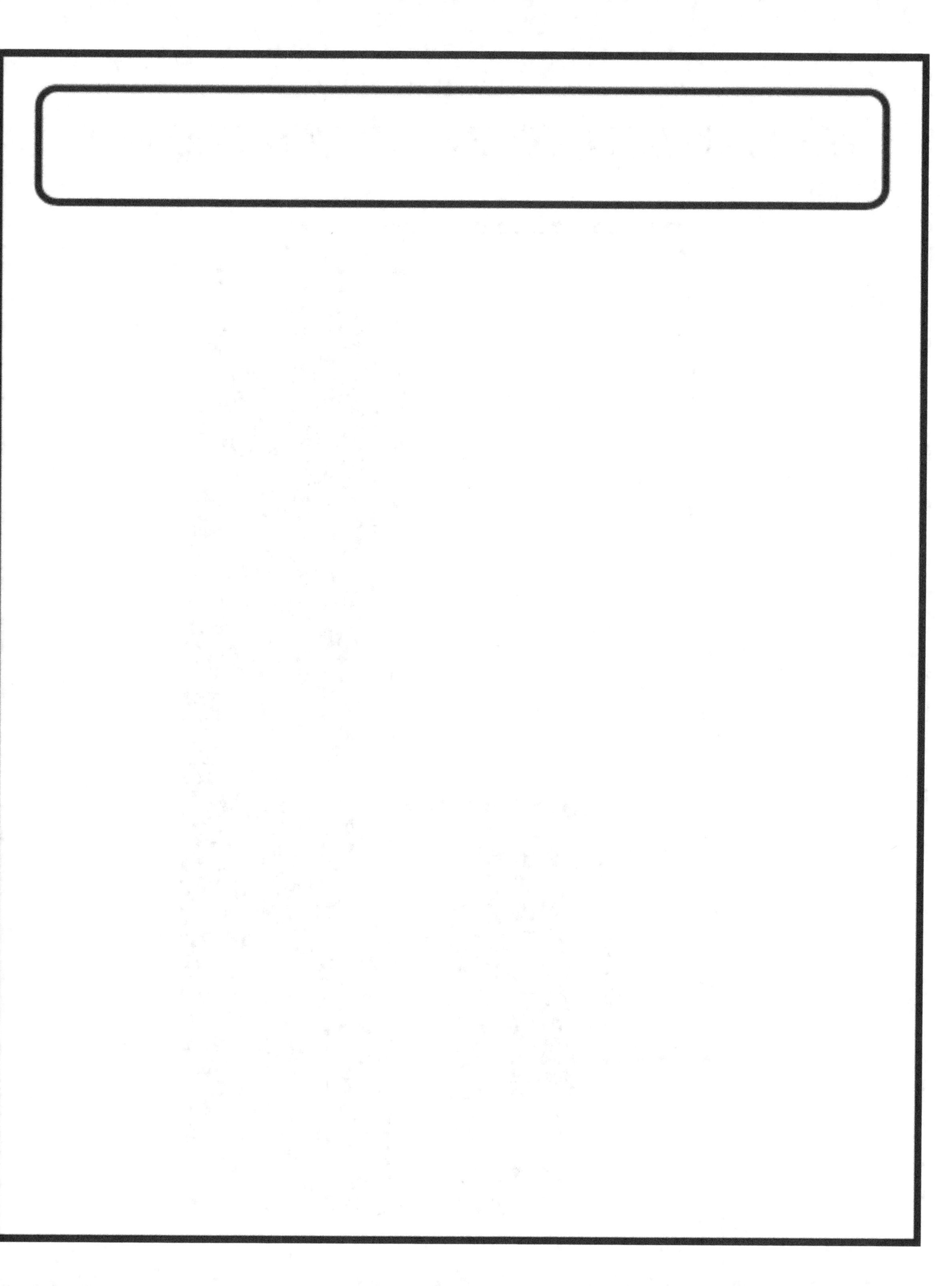

UN CAMION LIVRE DE COLORIAGE

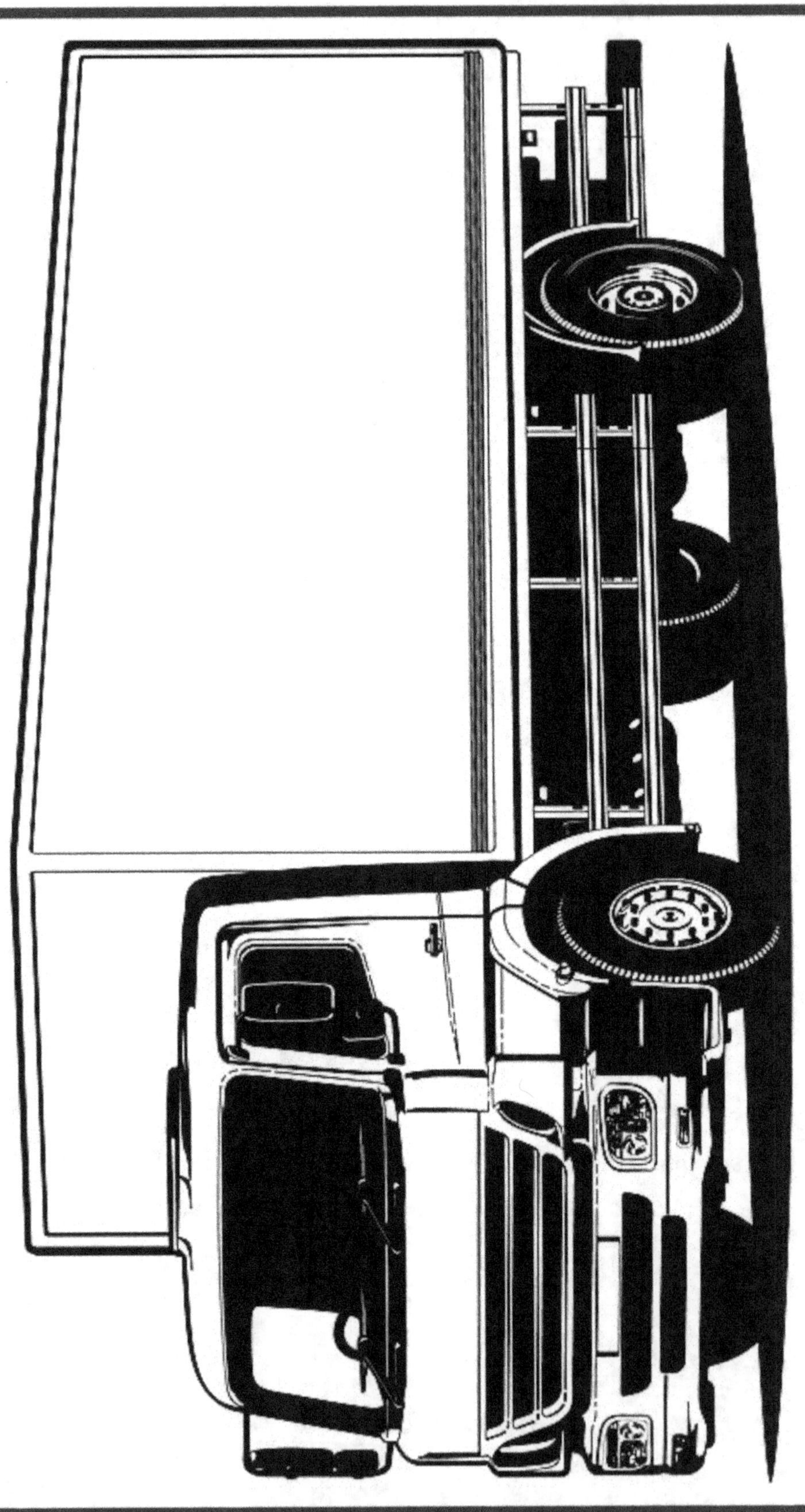

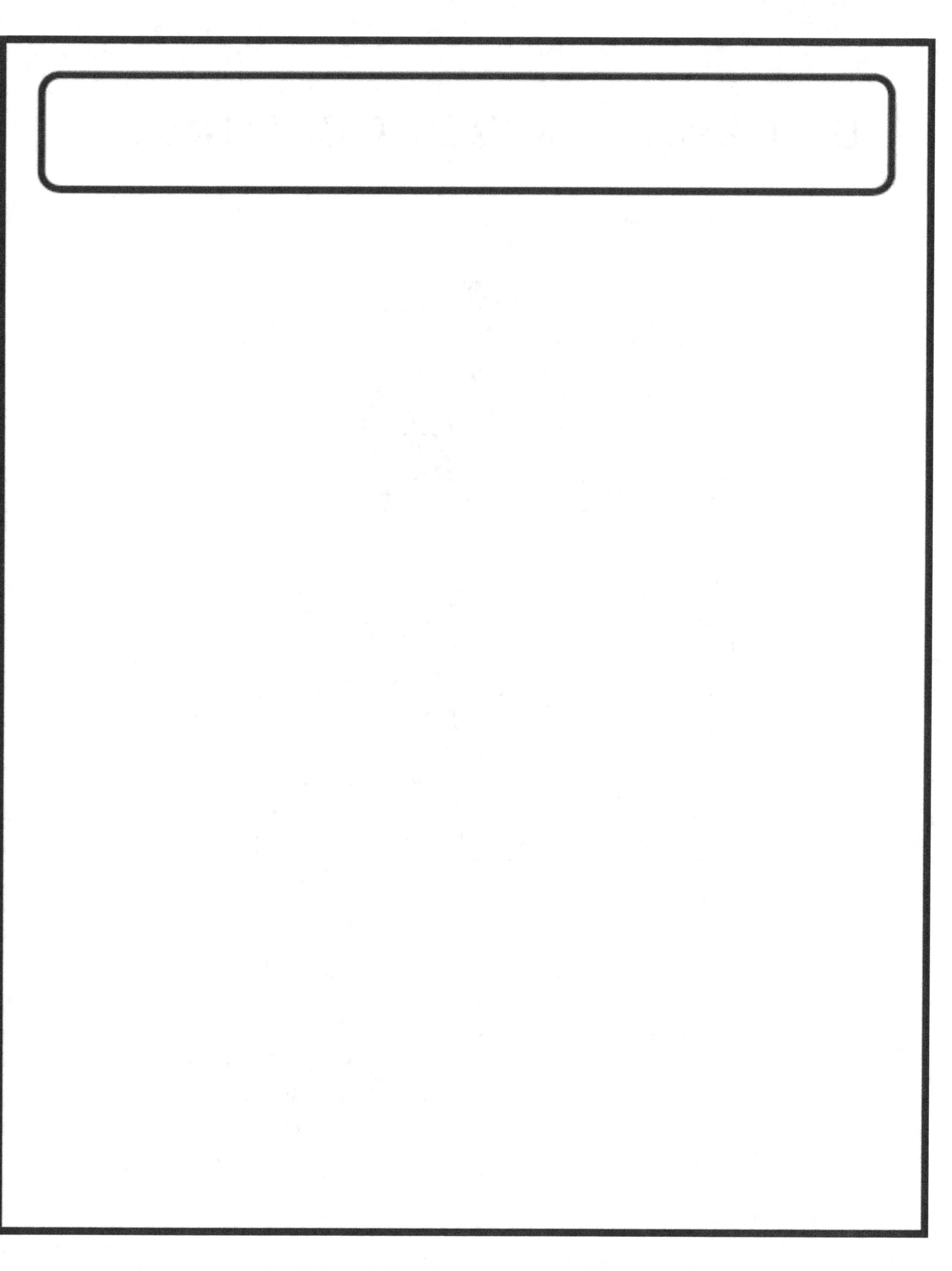

UN CAMION LIVRE DE COLORIAGE

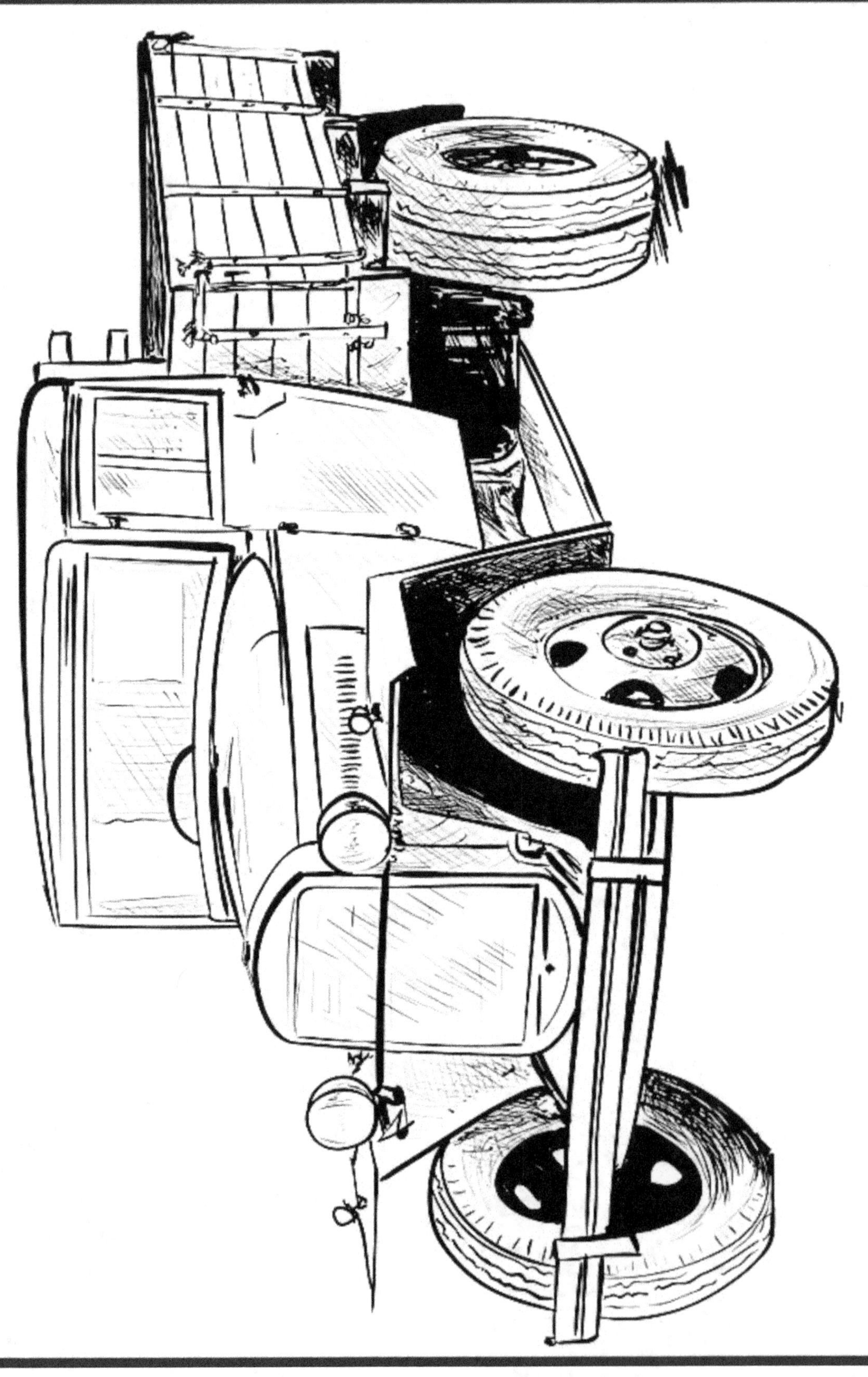

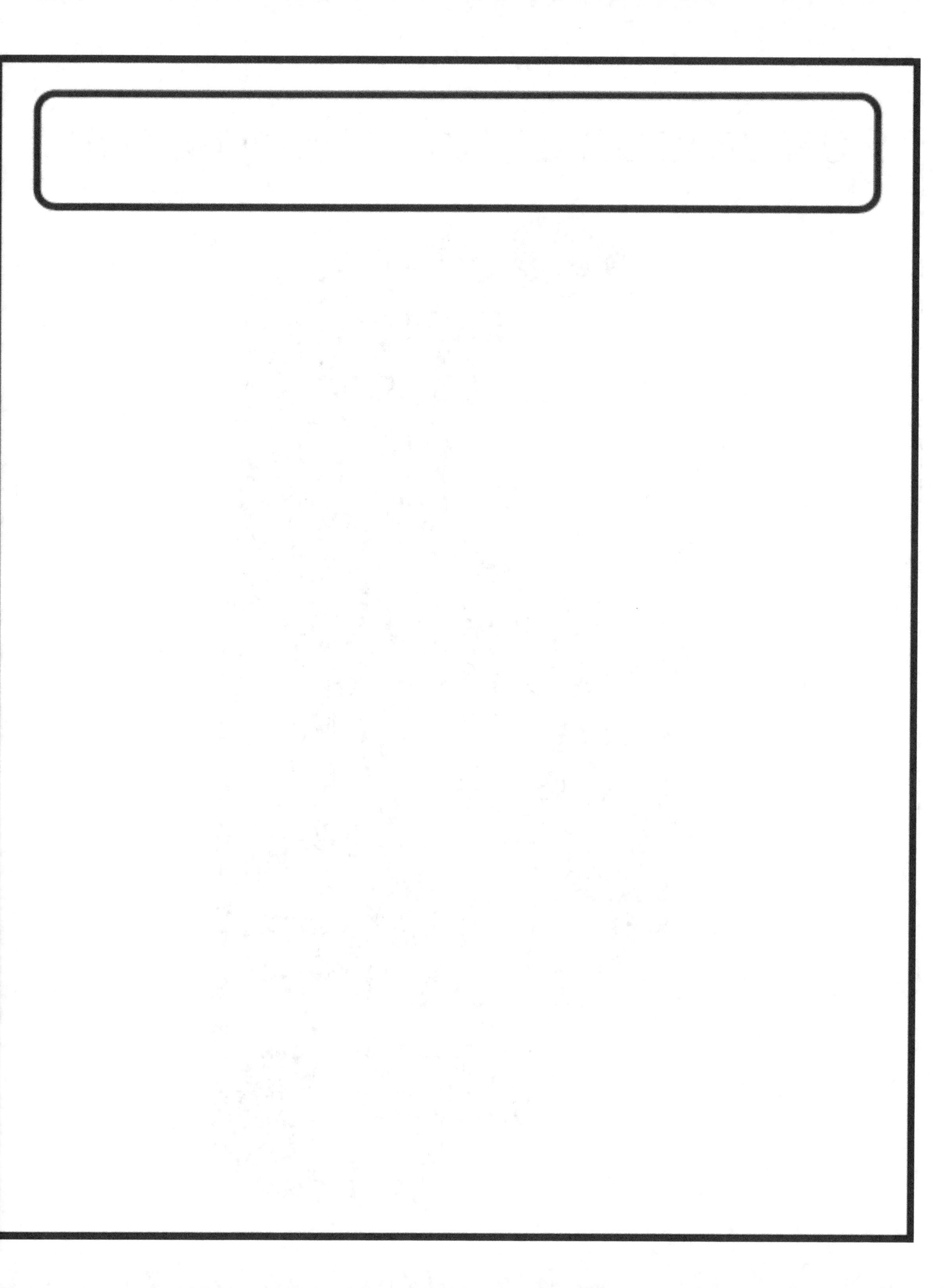

UN CAMION LIVRE DE COLORIAGE

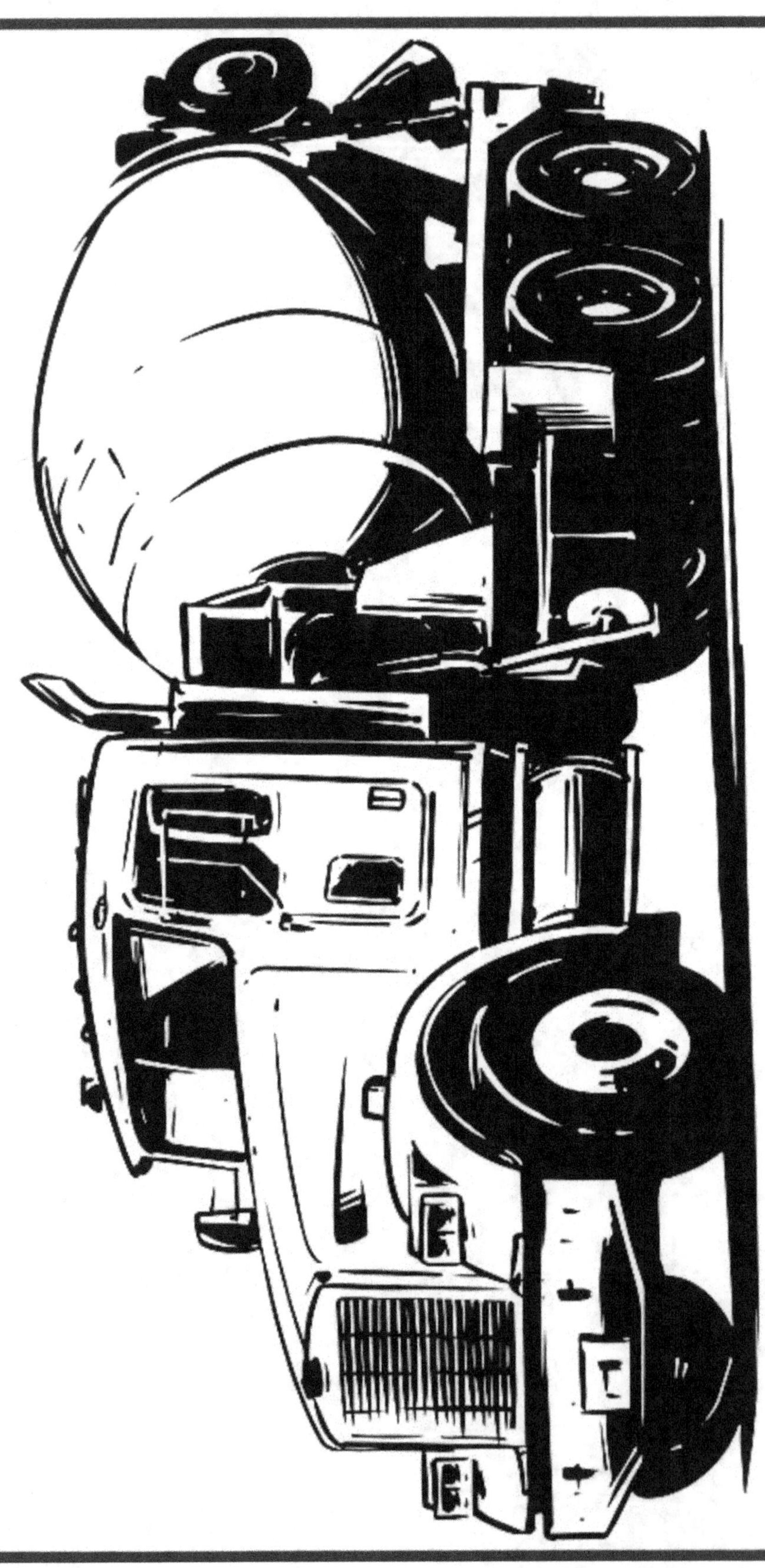

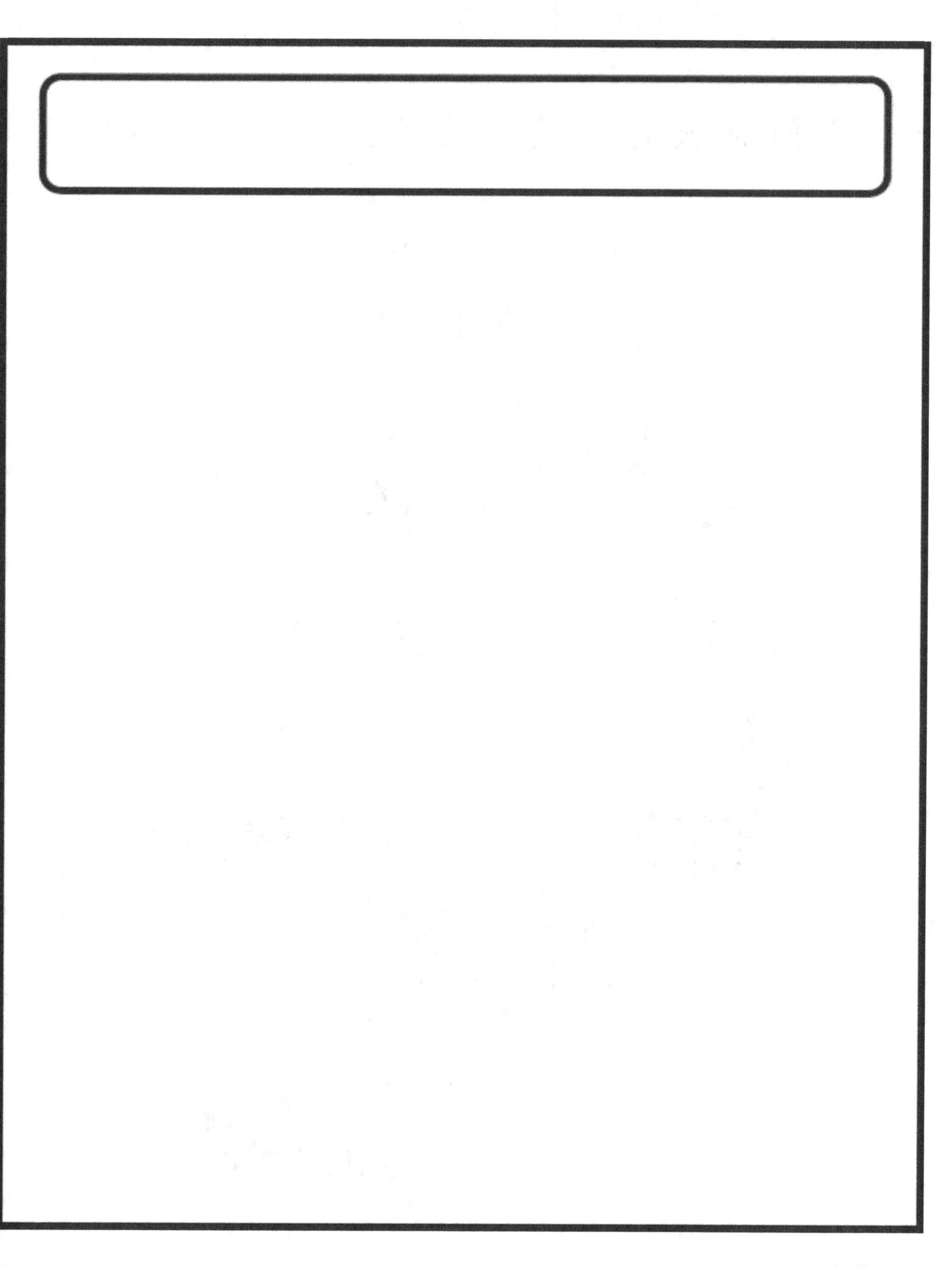

UN CAMION LIVRE DE COLORIAGE

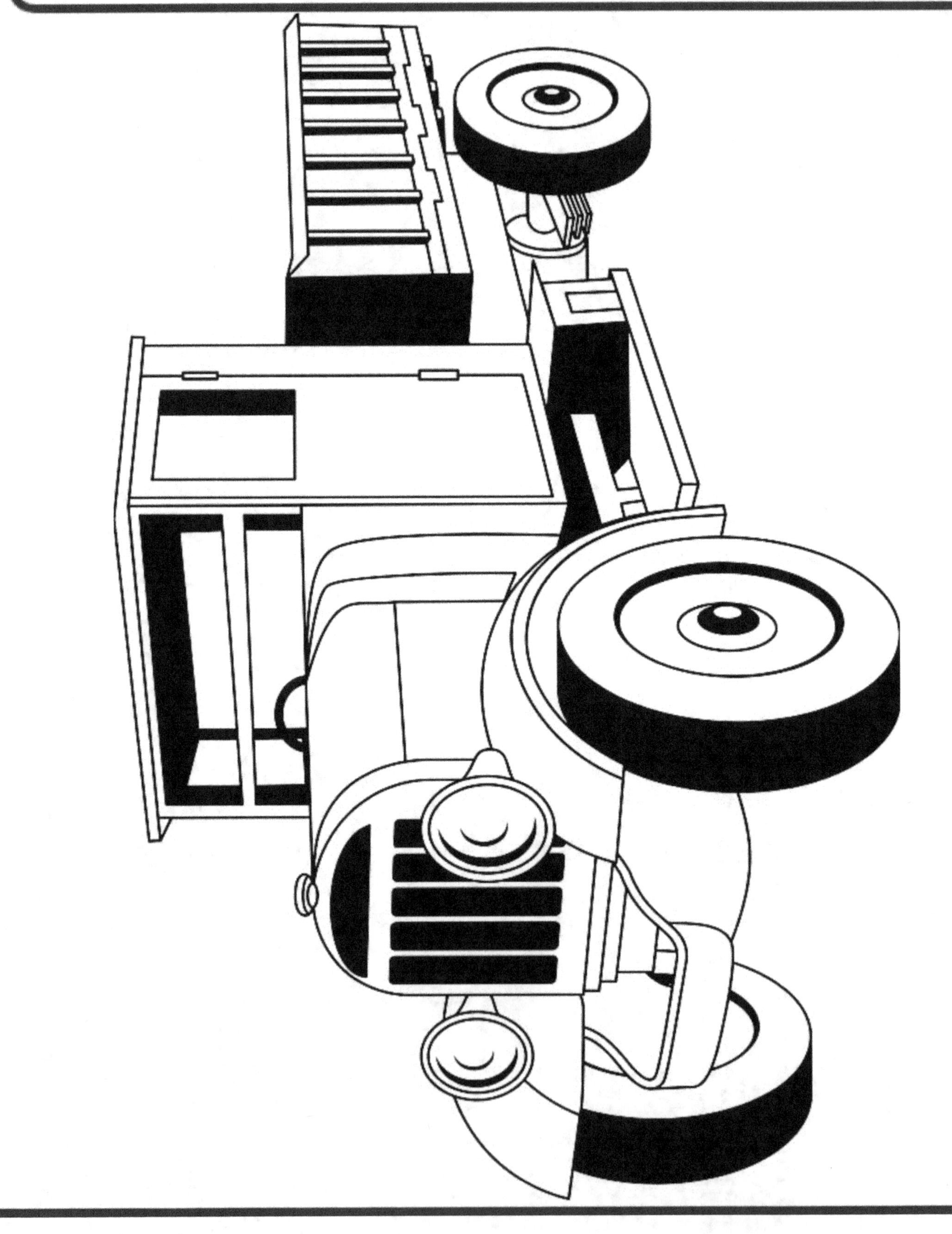

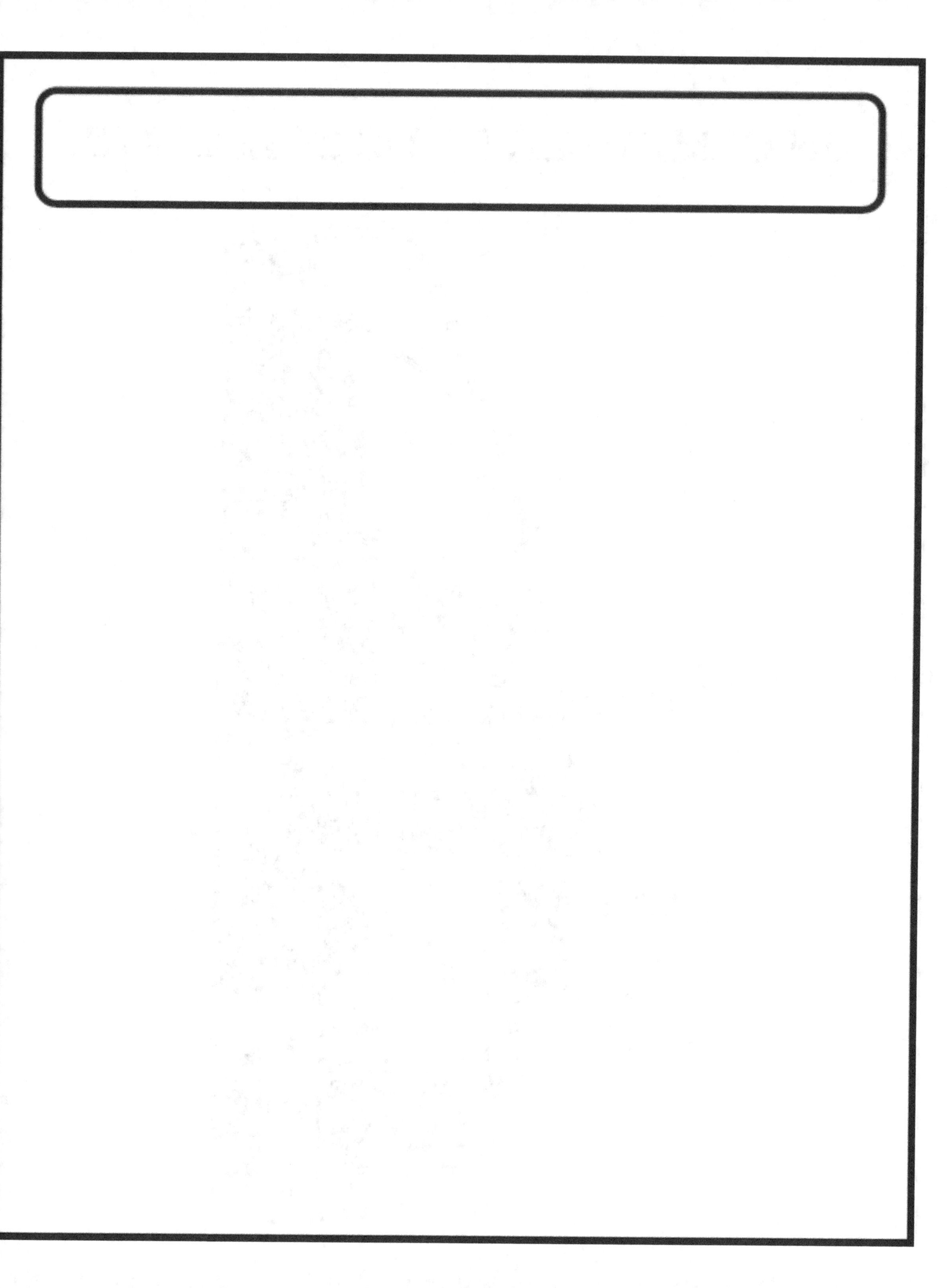

UN CAMION LIVRE DE COLORIAGE

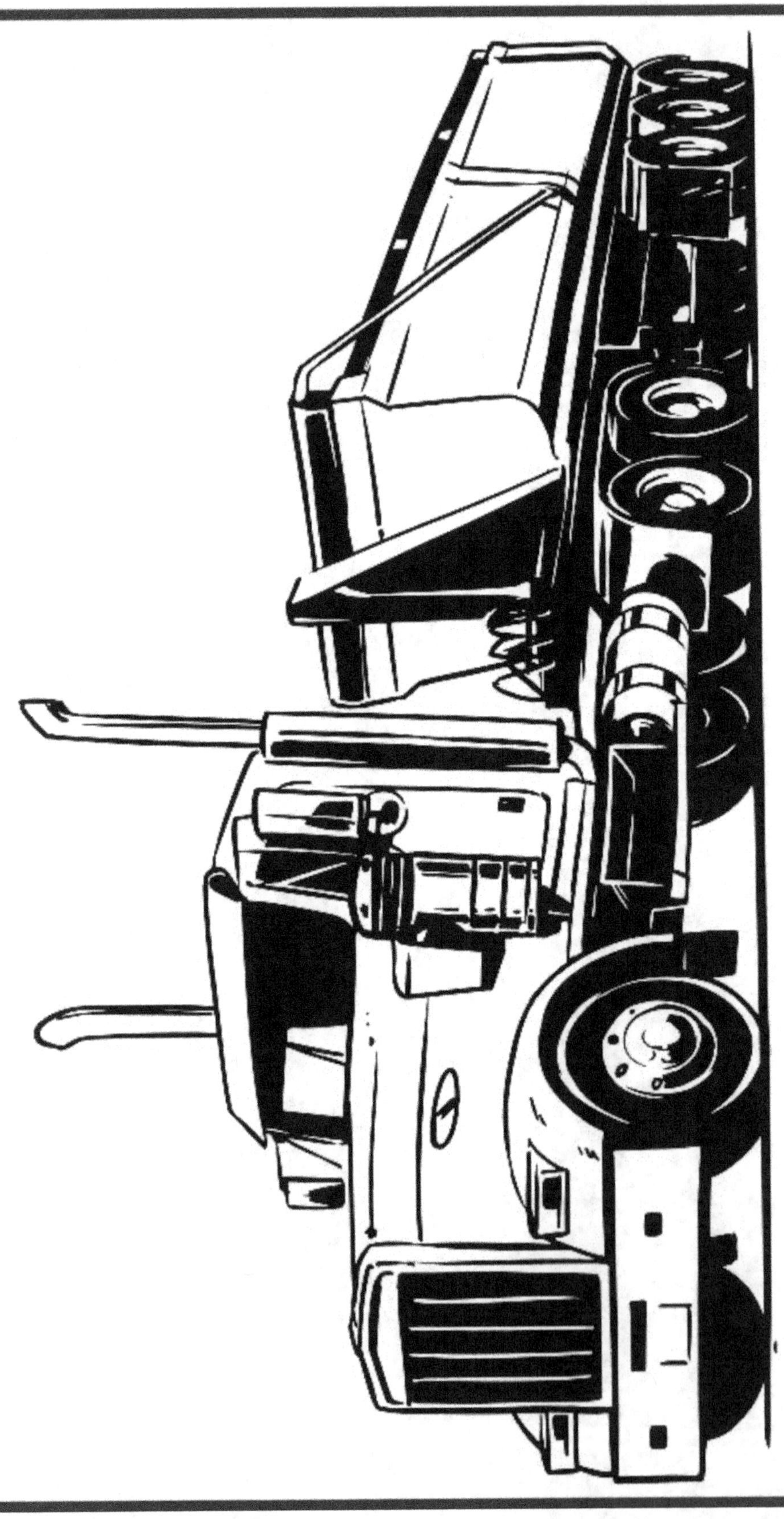

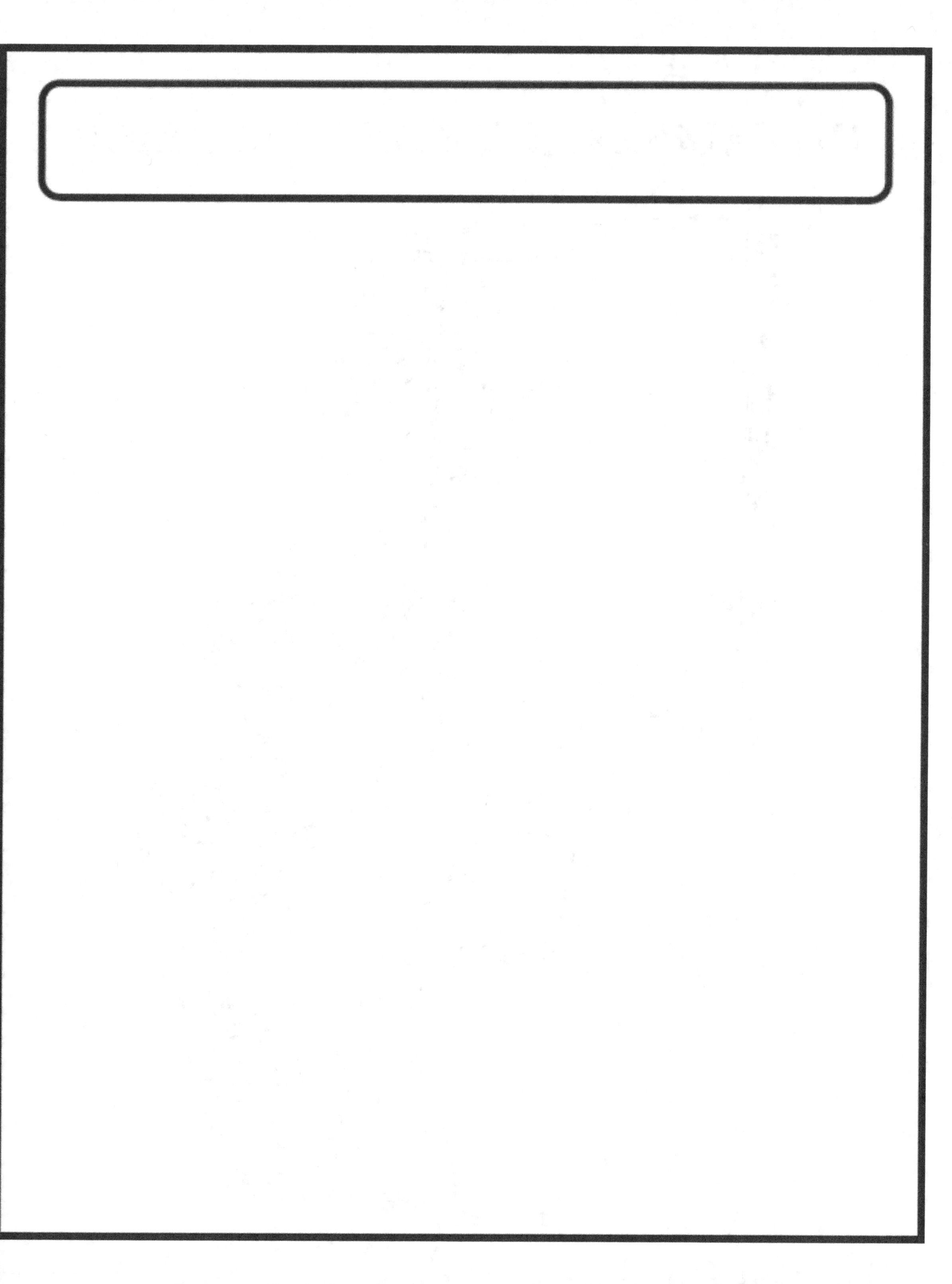

UN CAMION LIVRE DE COLORIAGE

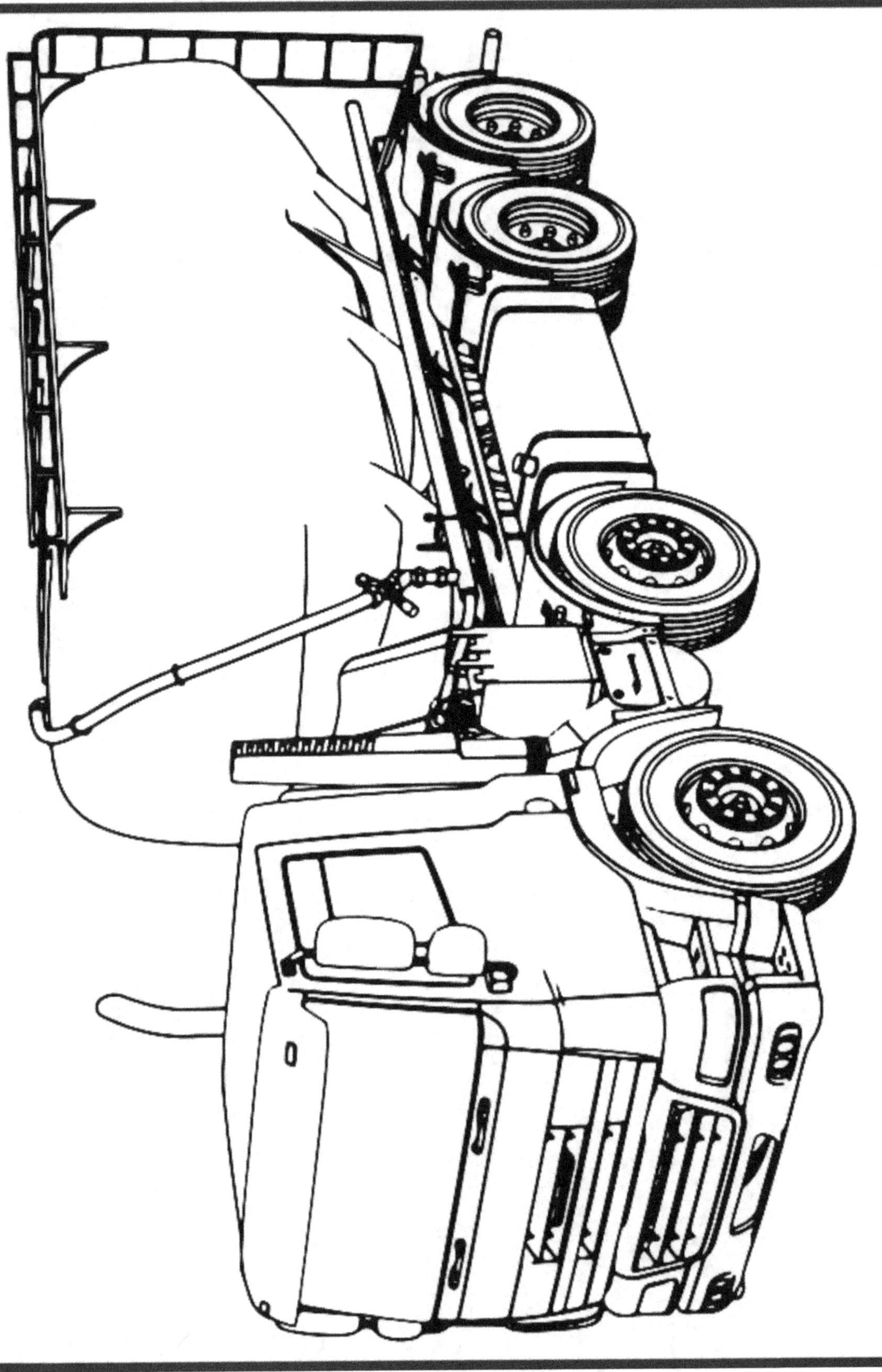

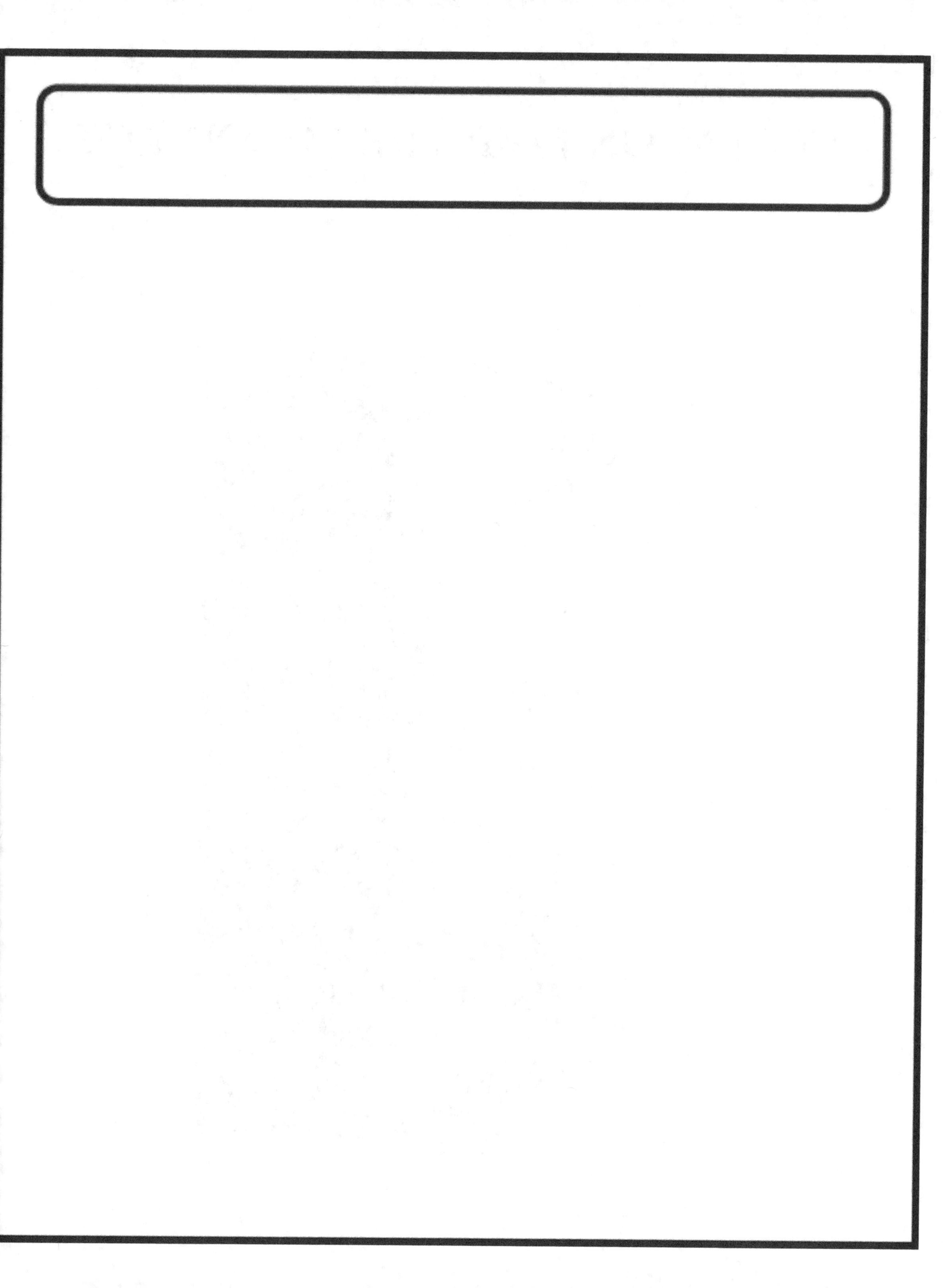

UN CAMION LIVRE DE COLORIAGE

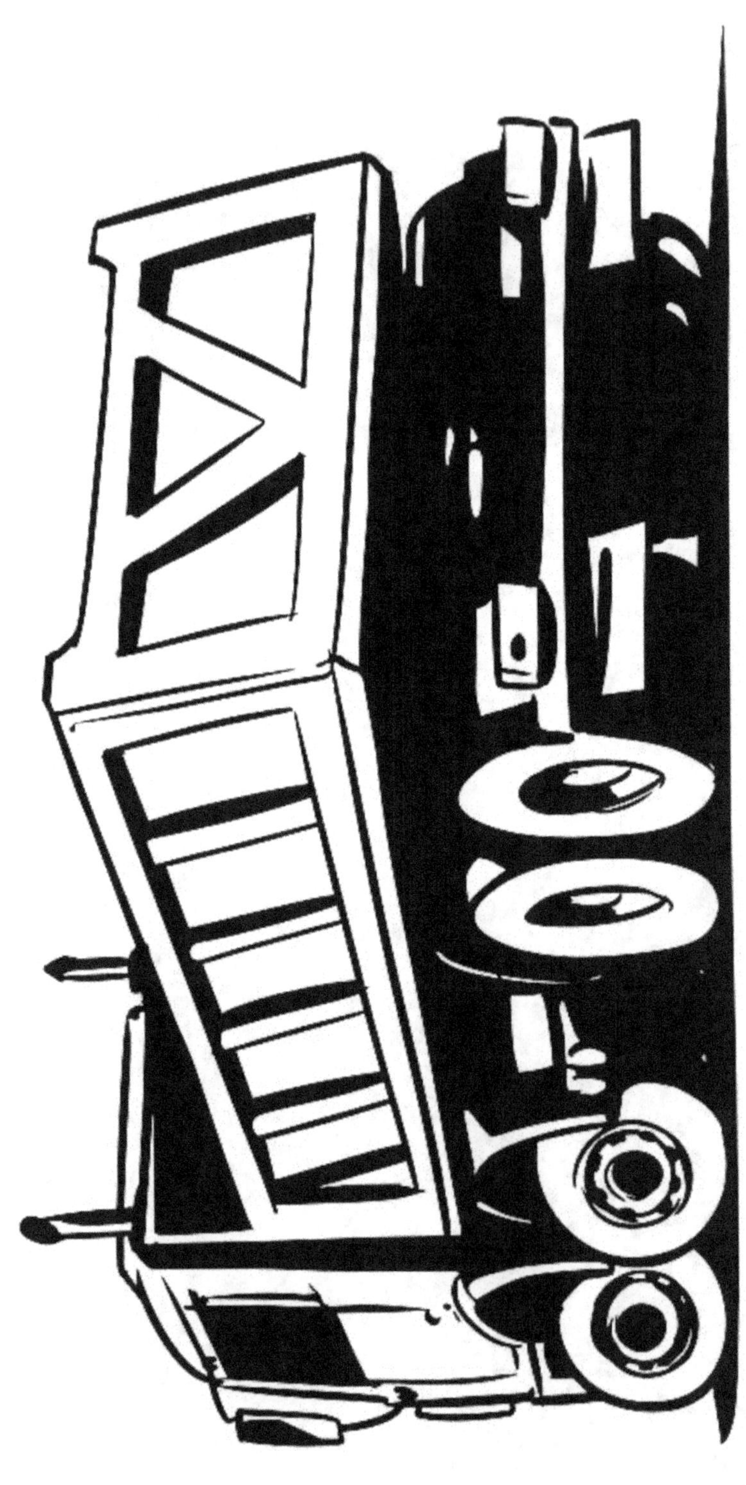

UN CAMION LIVRE DE COLORIAGE

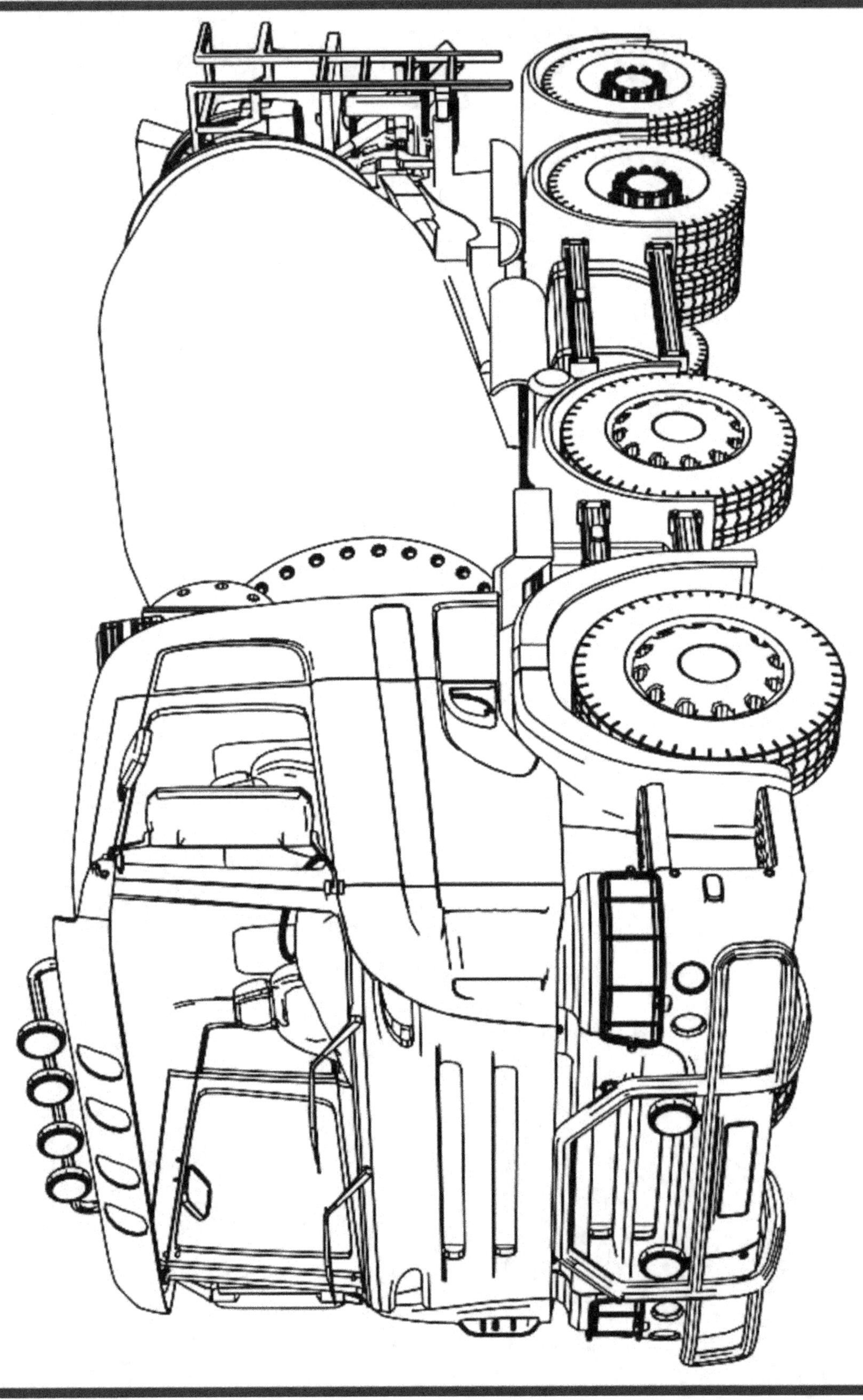

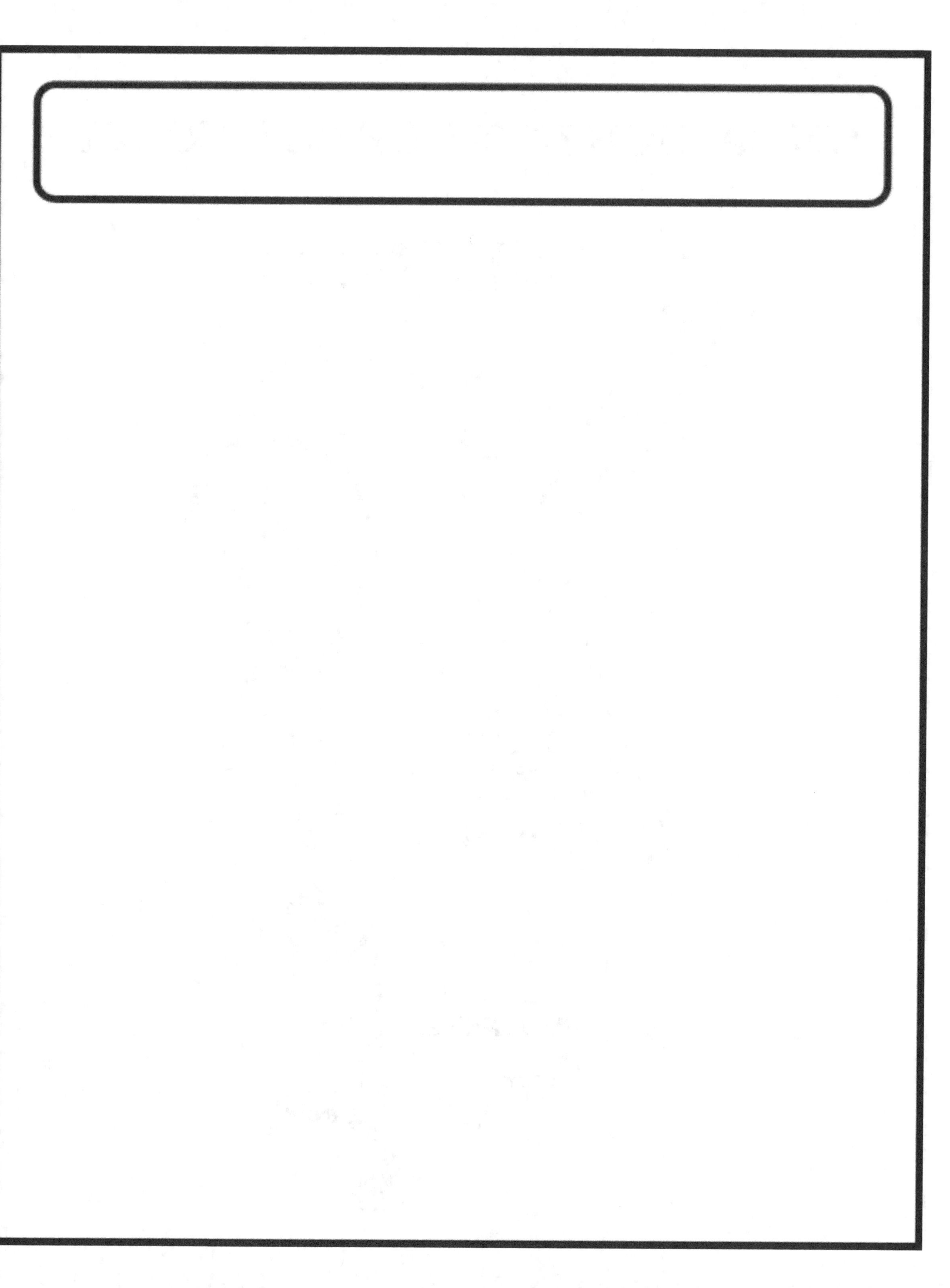

UN CAMION LIVRE DE COLORIAGE

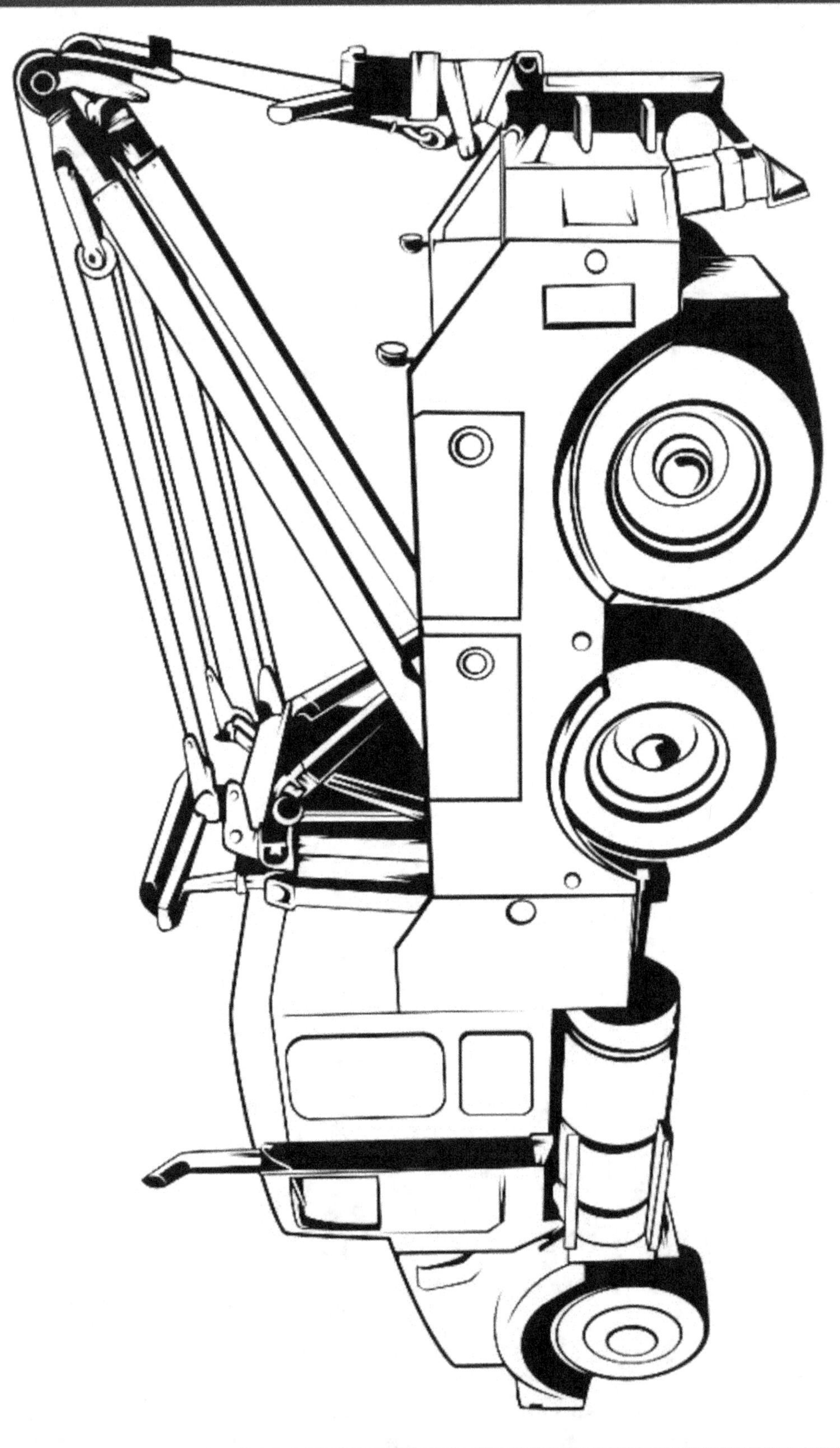

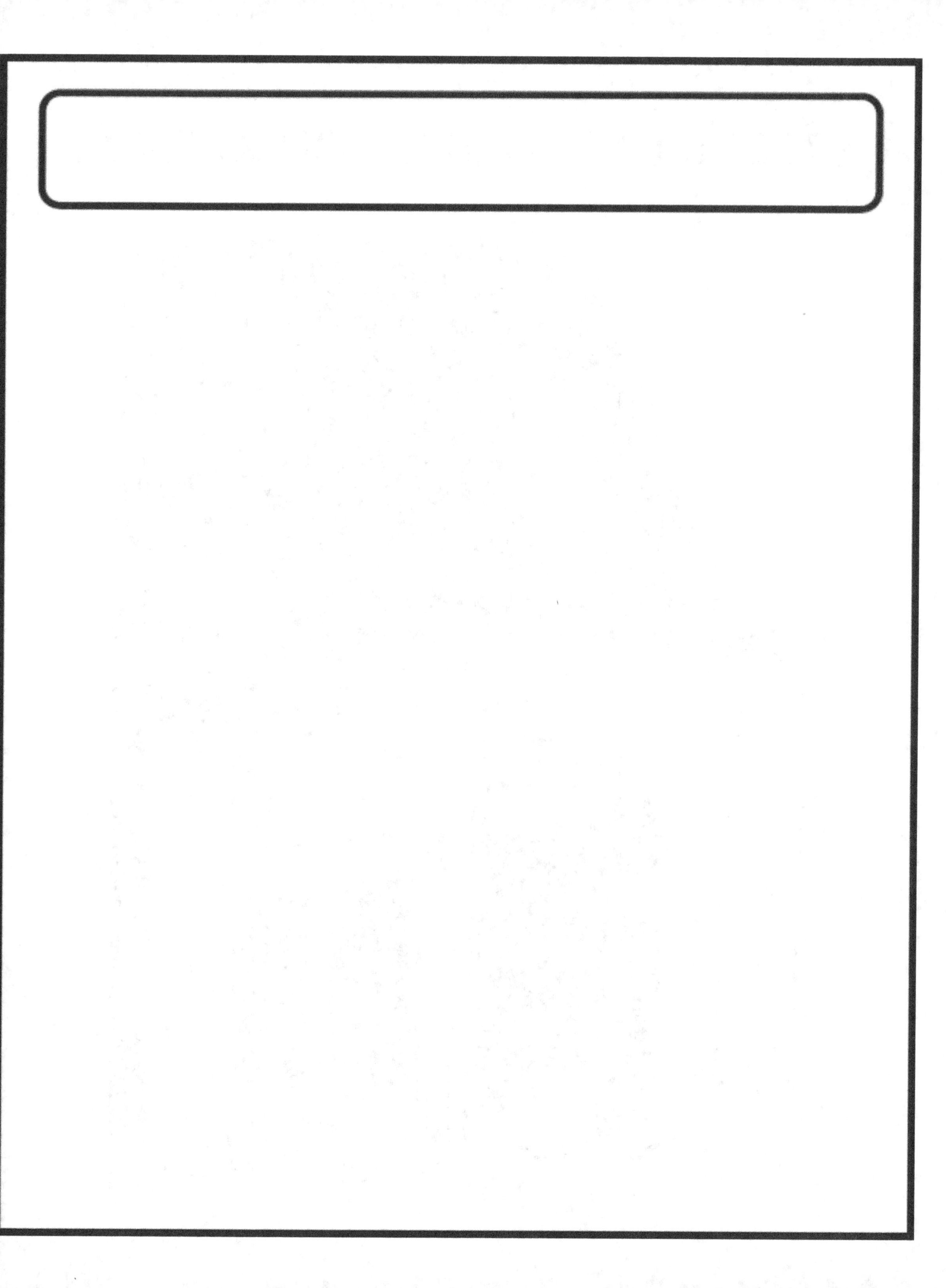

UN CAMION LIVRE DE COLORIAGE

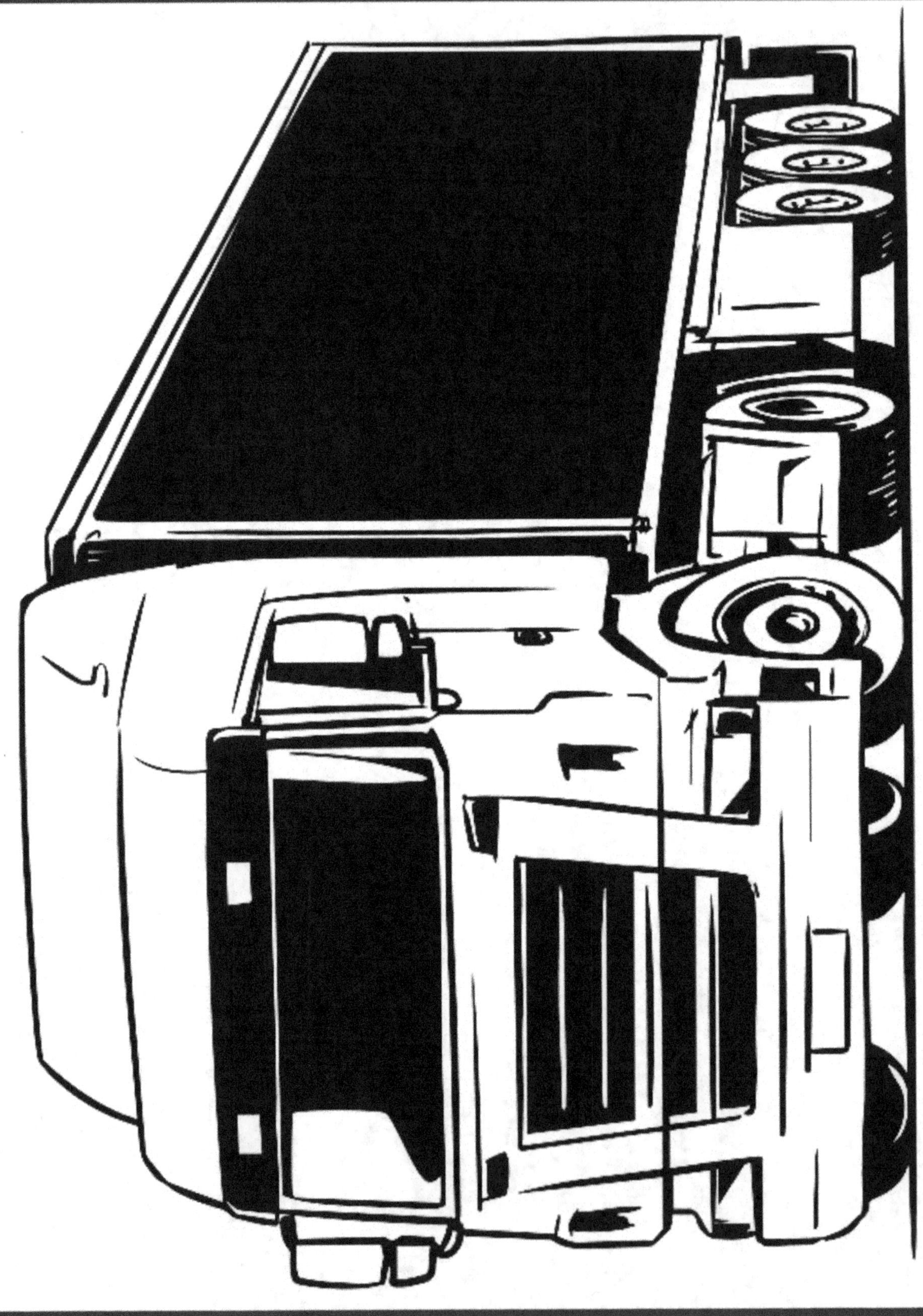

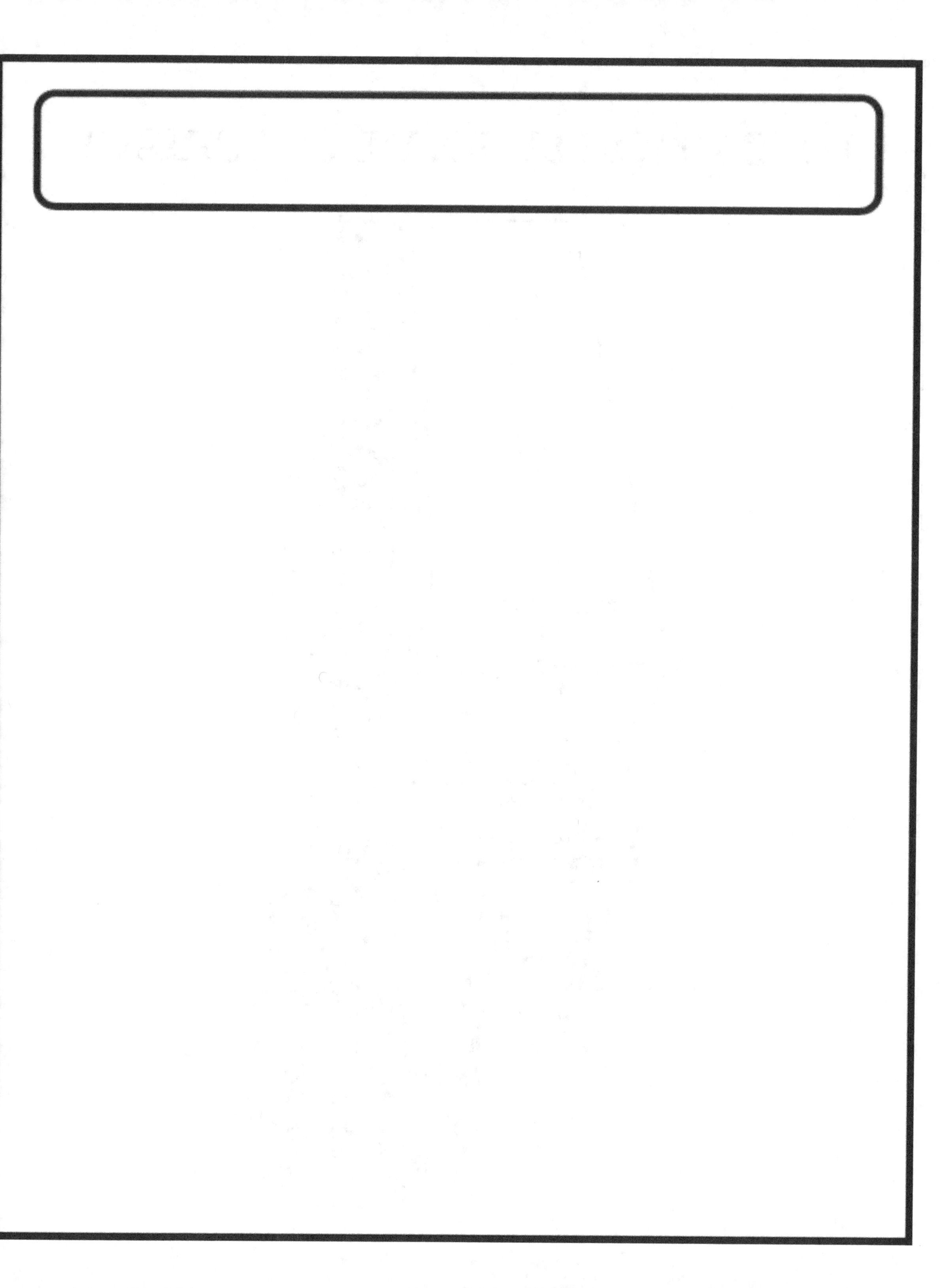

UN CAMION LIVRE DE COLORIAGE

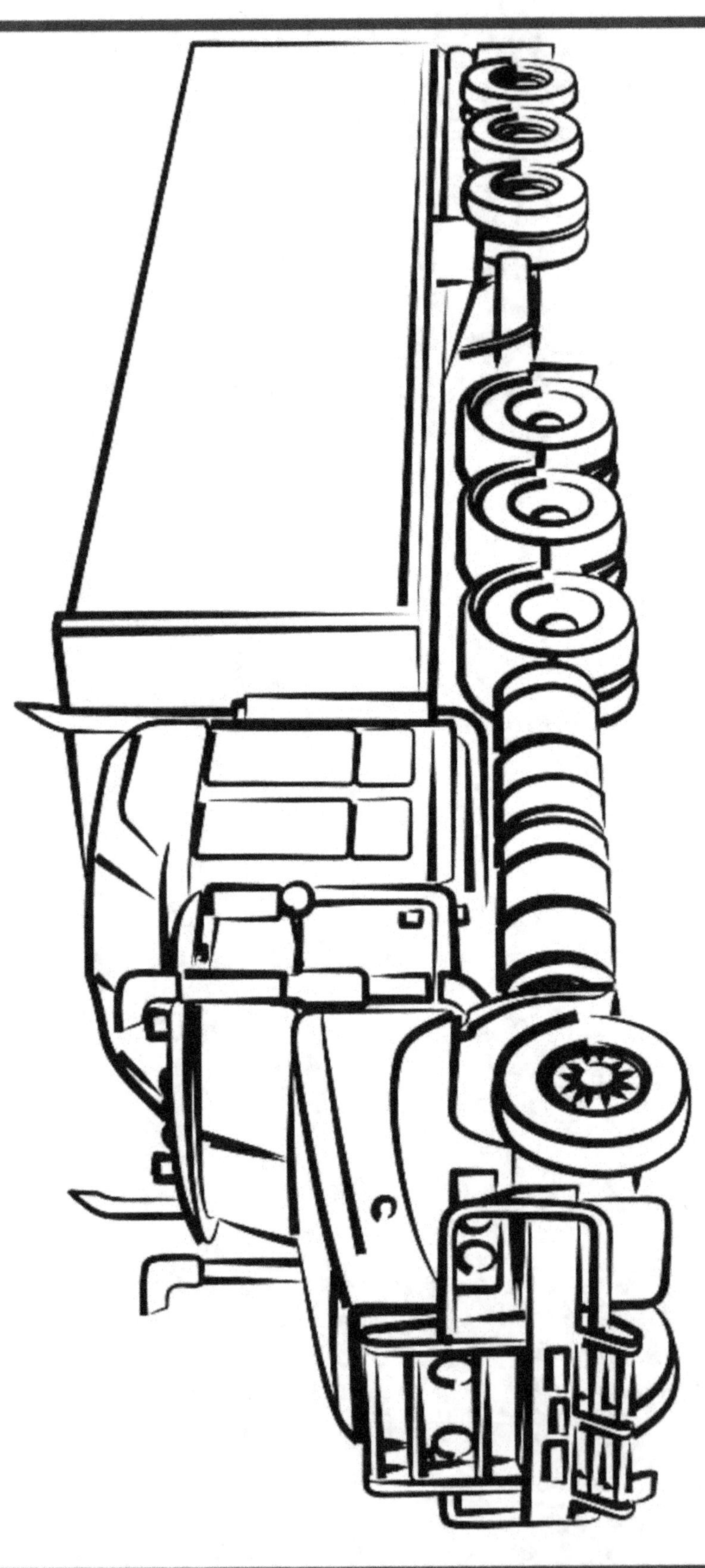

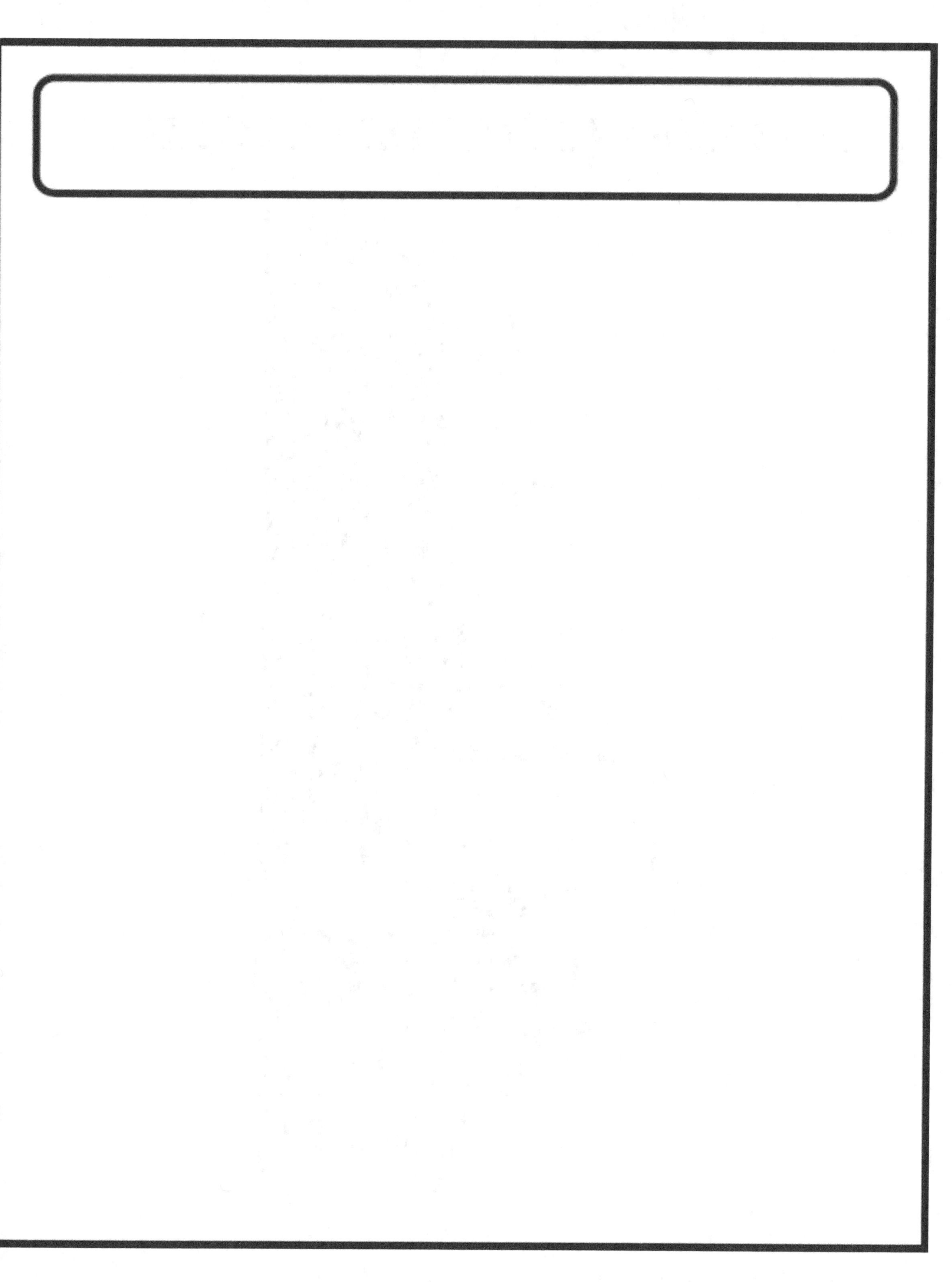

UN CAMION LIVRE DE COLORIAGE

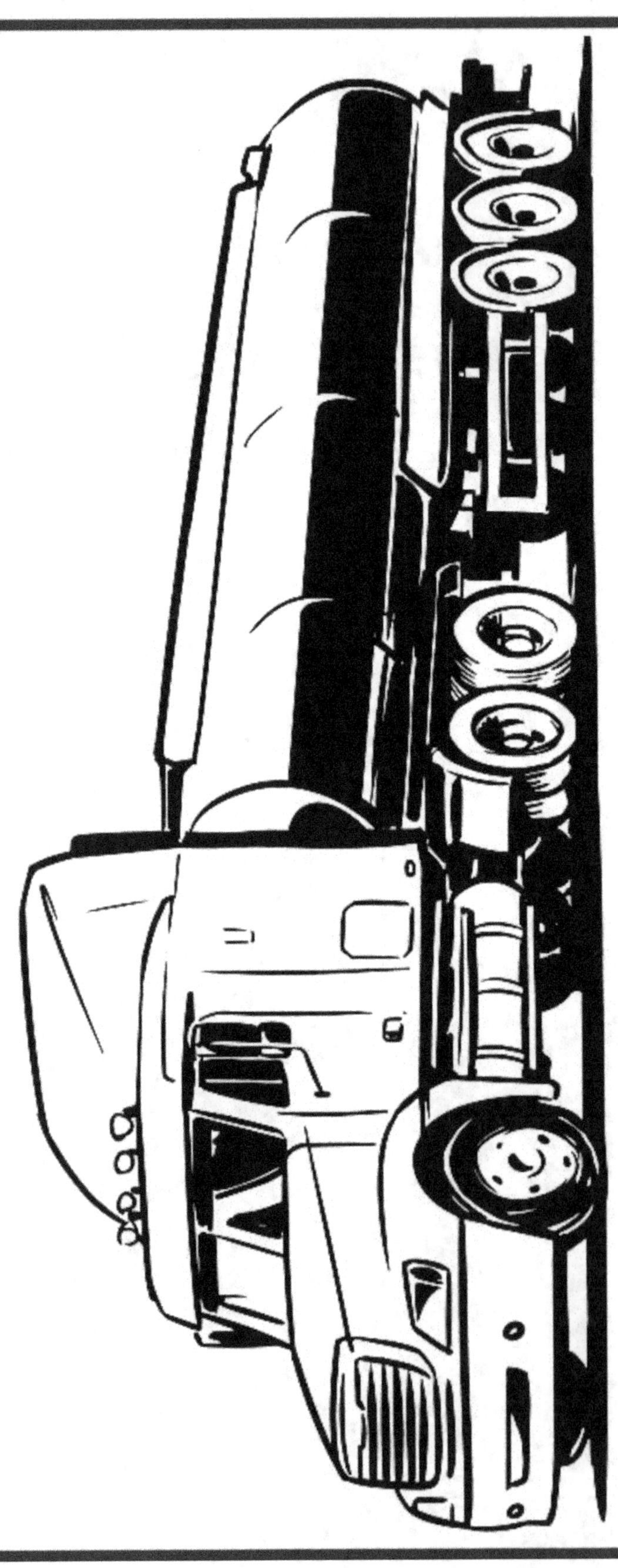

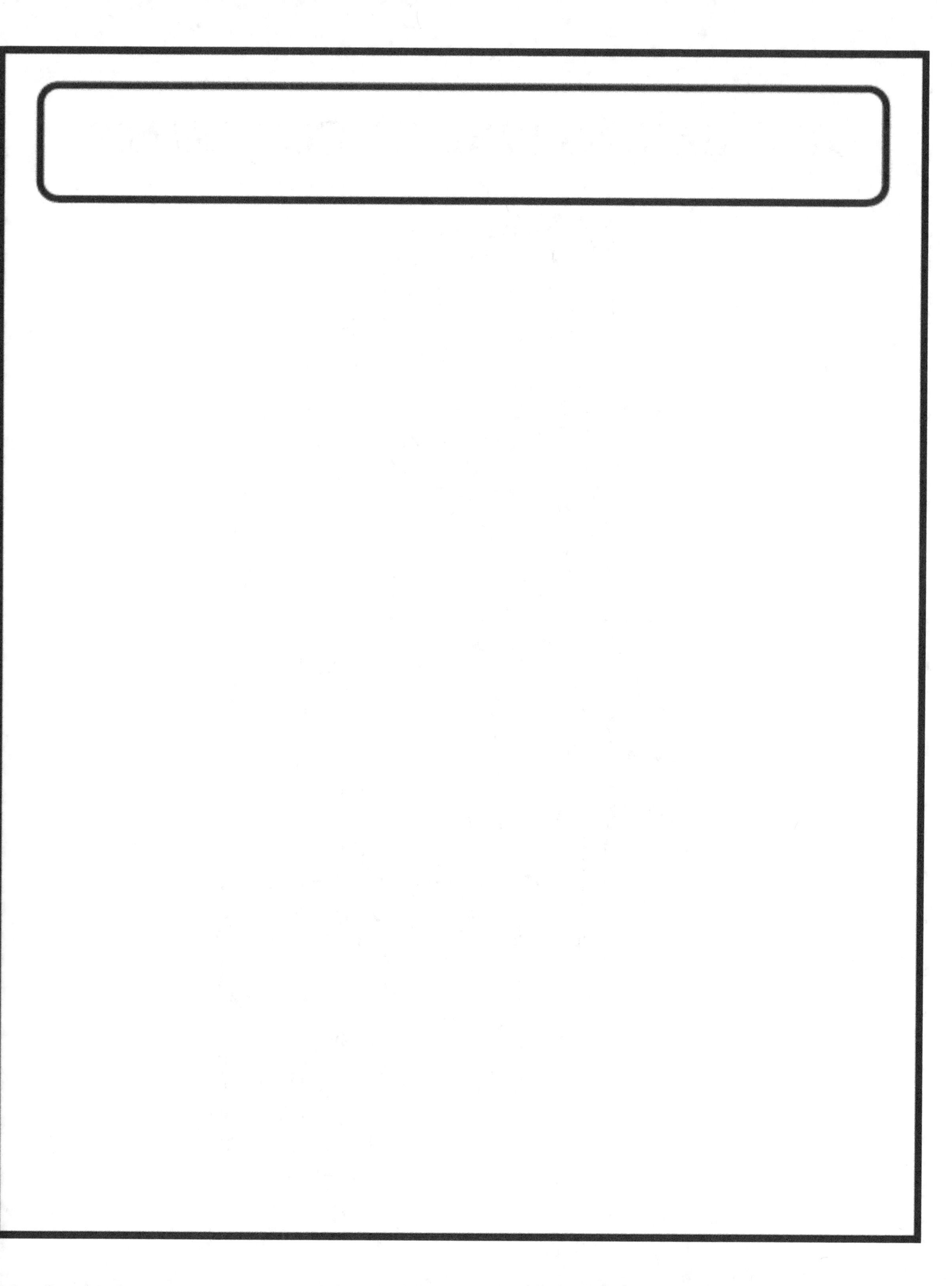

UN CAMION LIVRE DE COLORIAGE

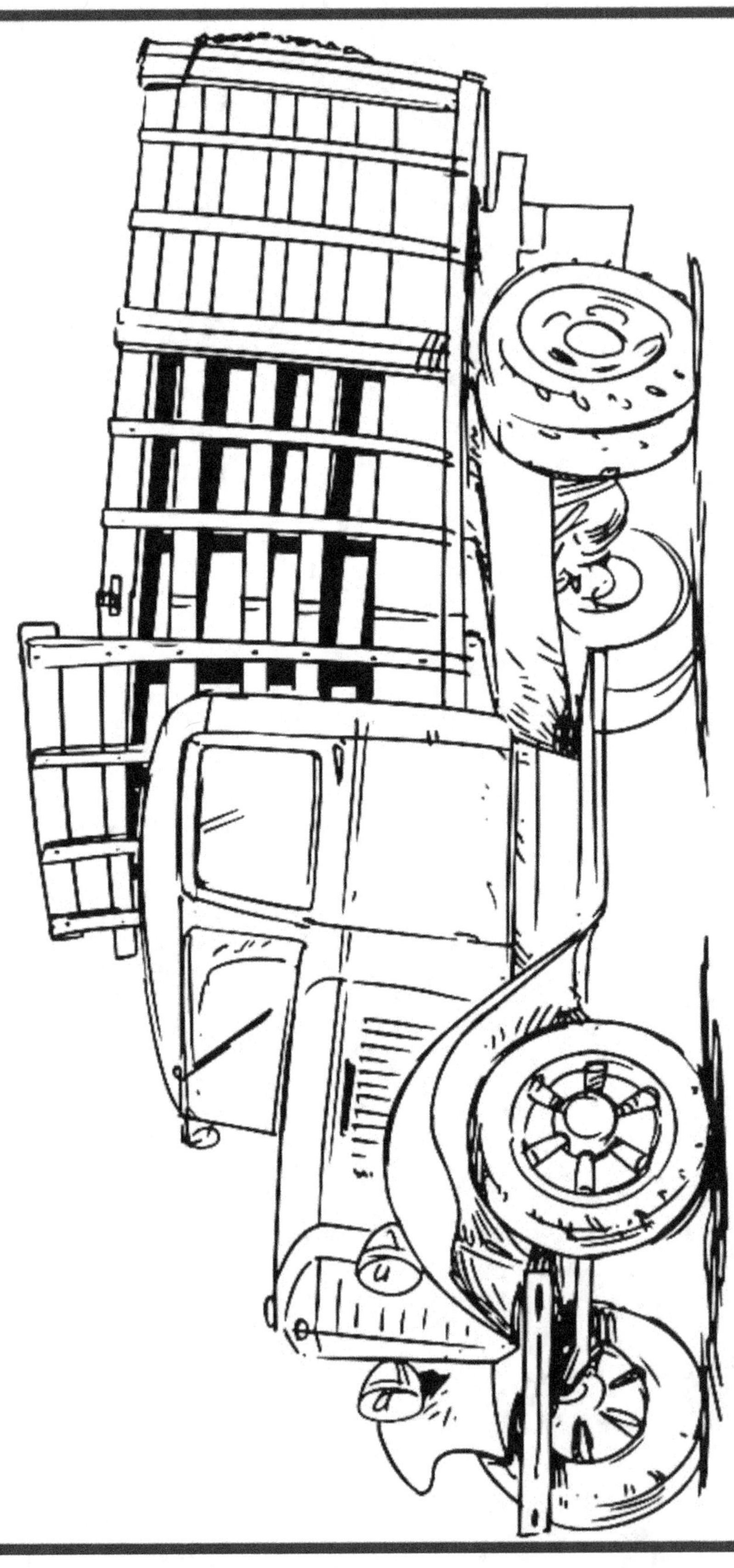

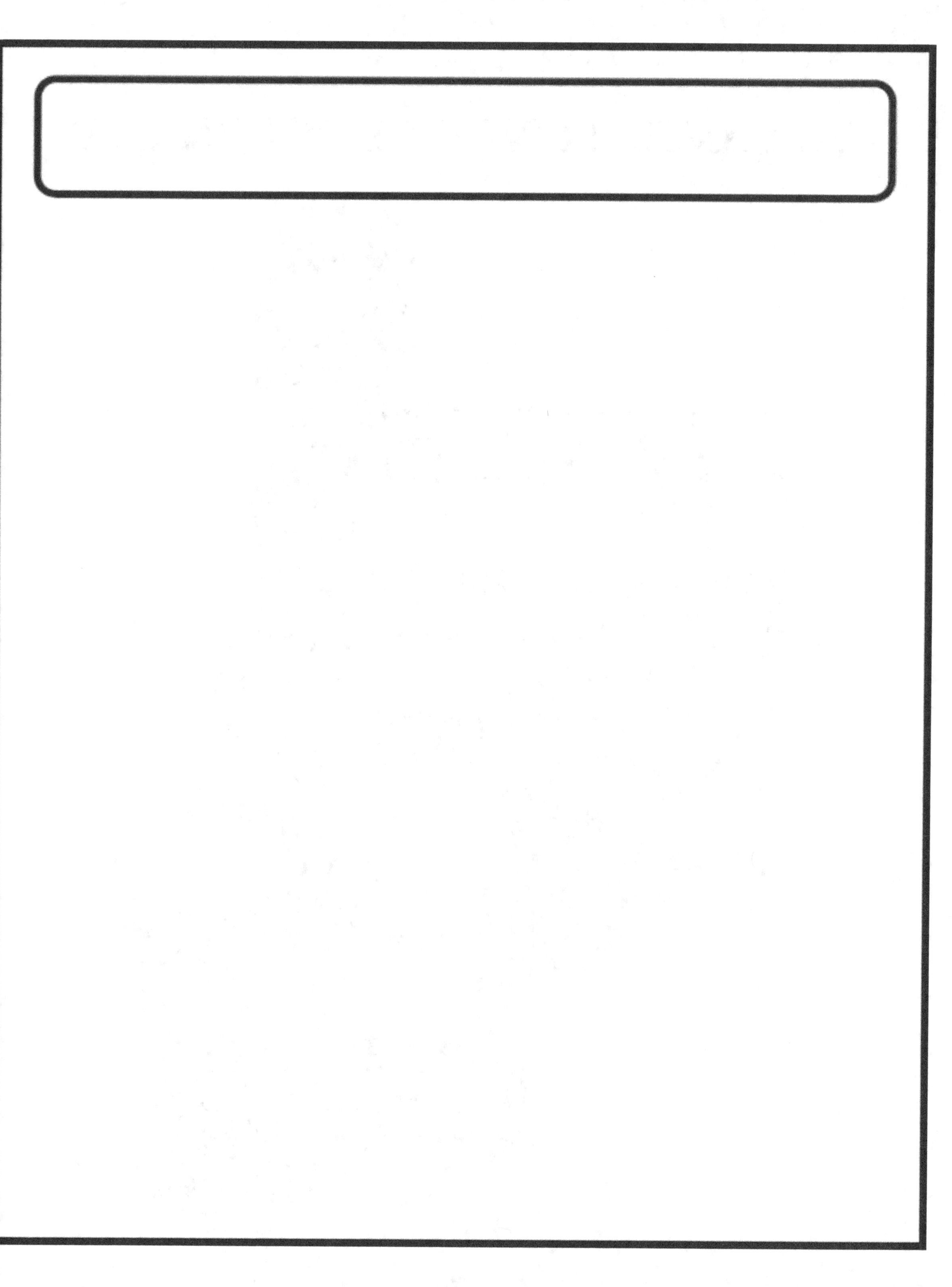

UN CAMION LIVRE DE COLORIAGE

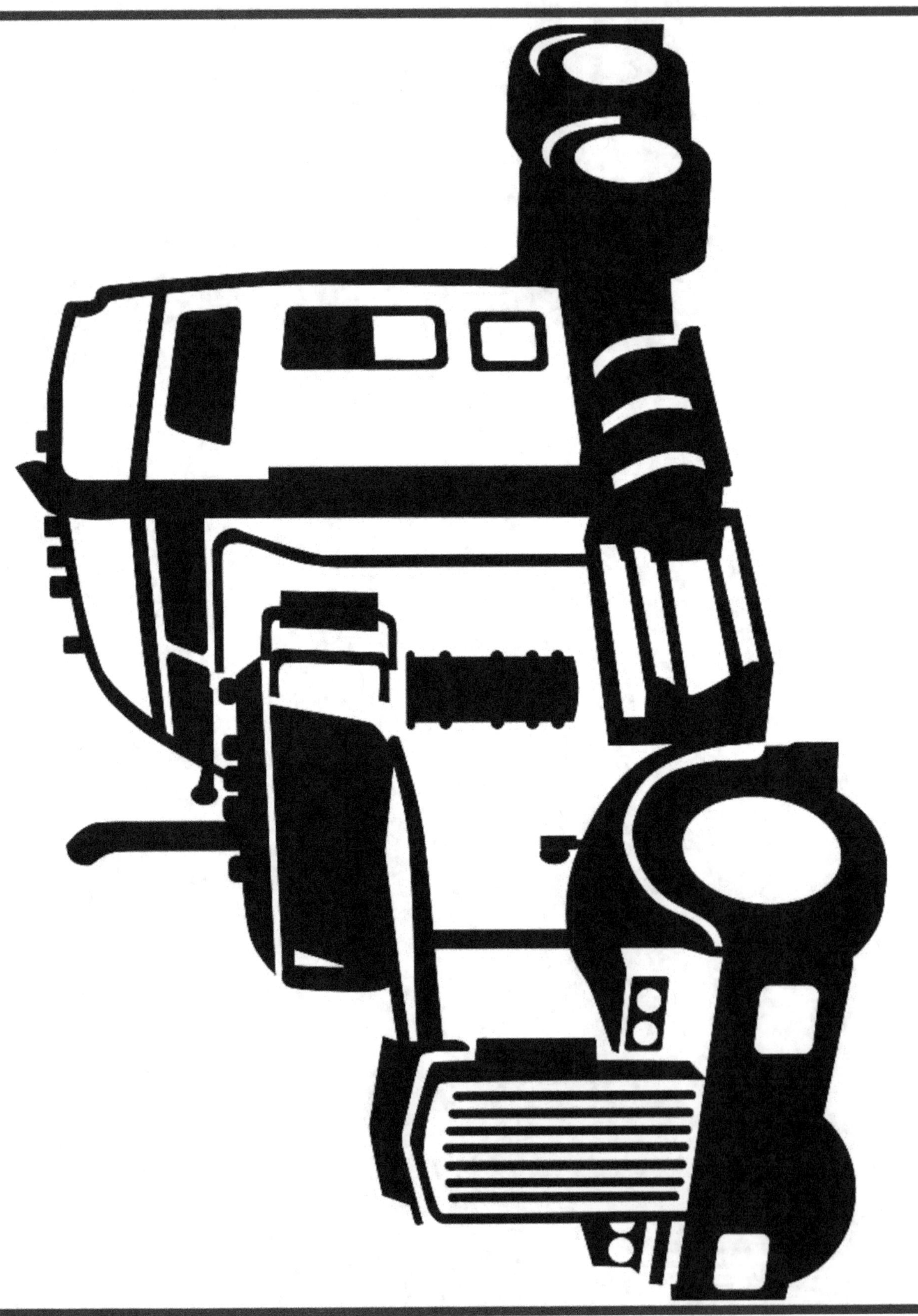

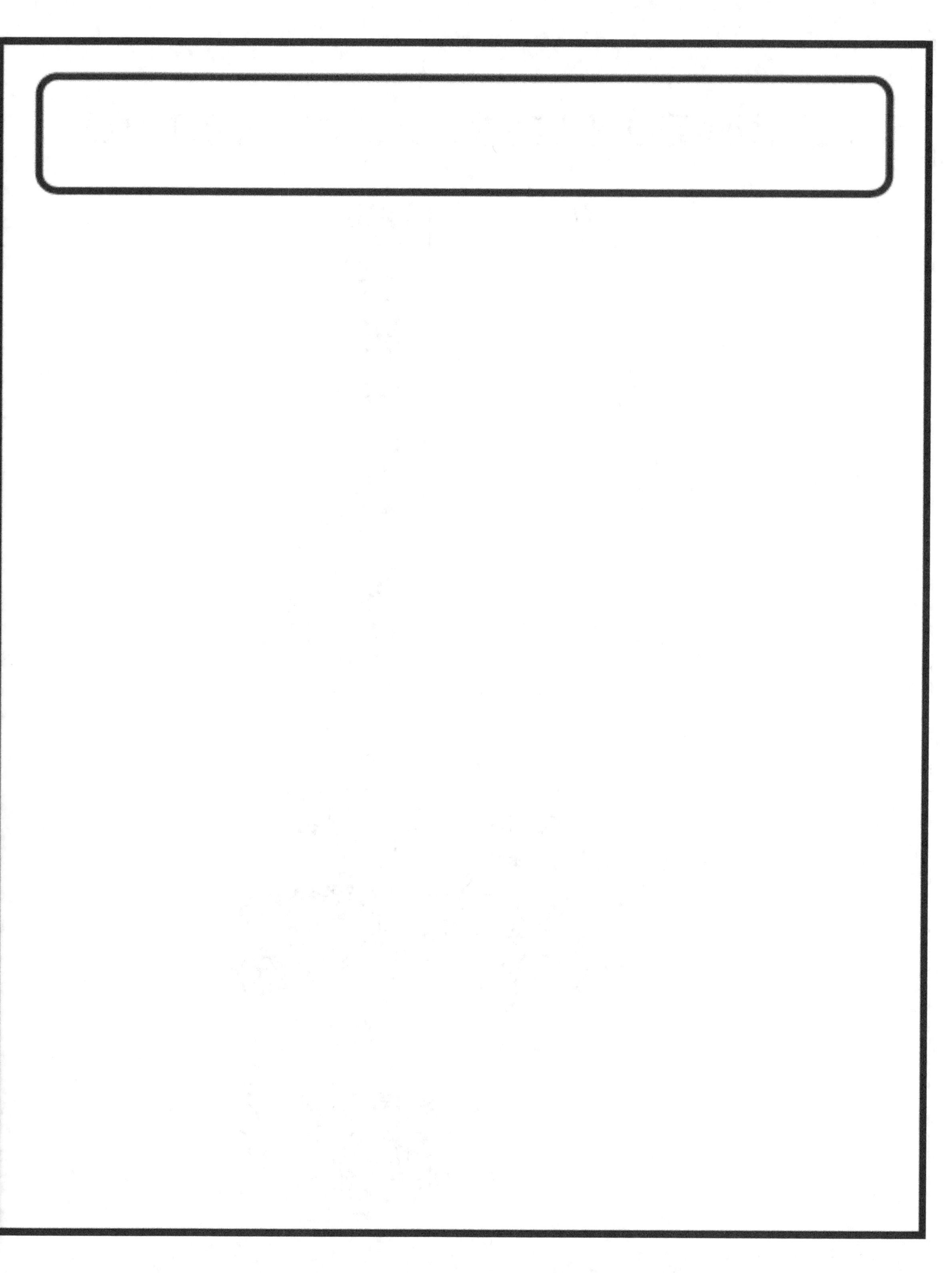

UN CAMION LIVRE DE COLORIAGE

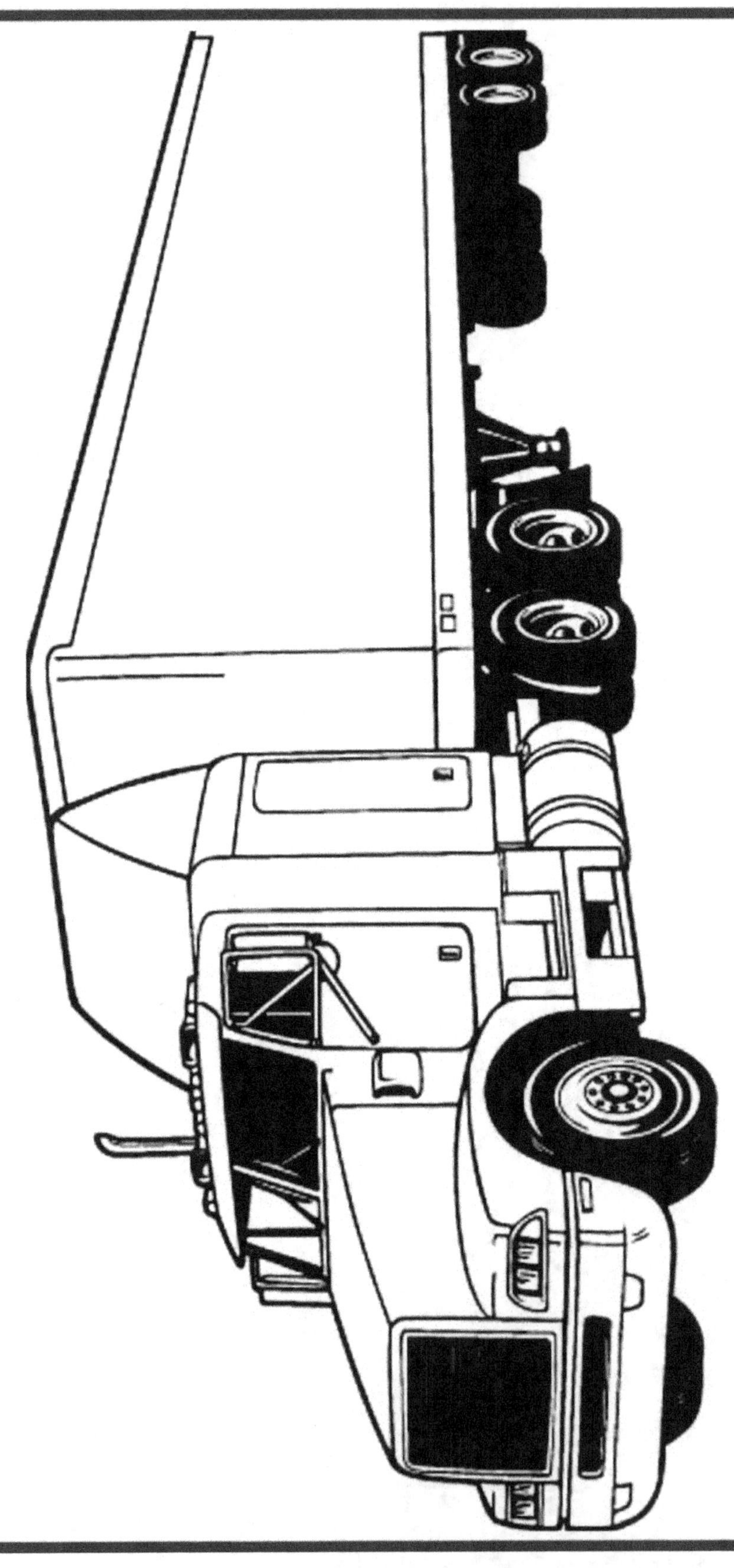

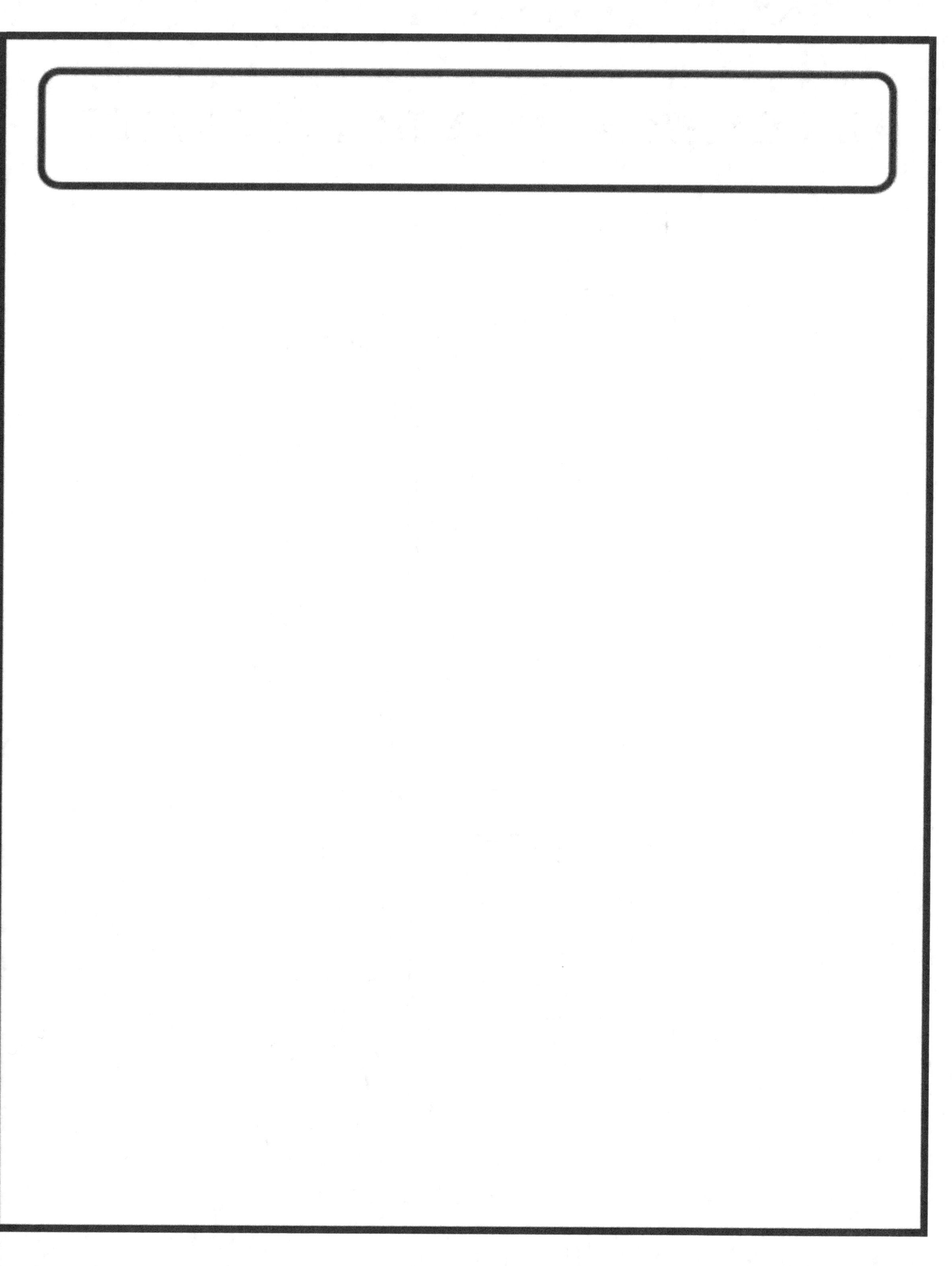

UN CAMION LIVRE DE COLORIAGE

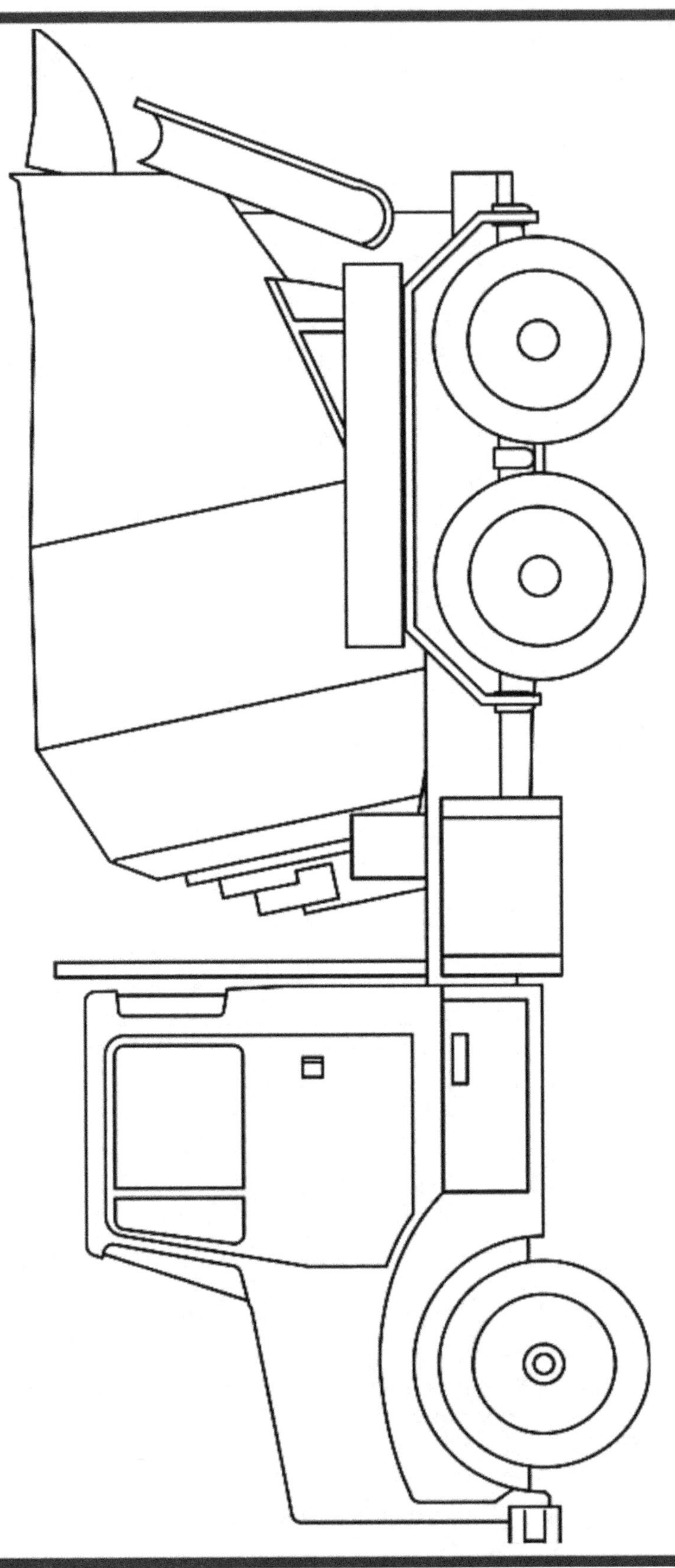

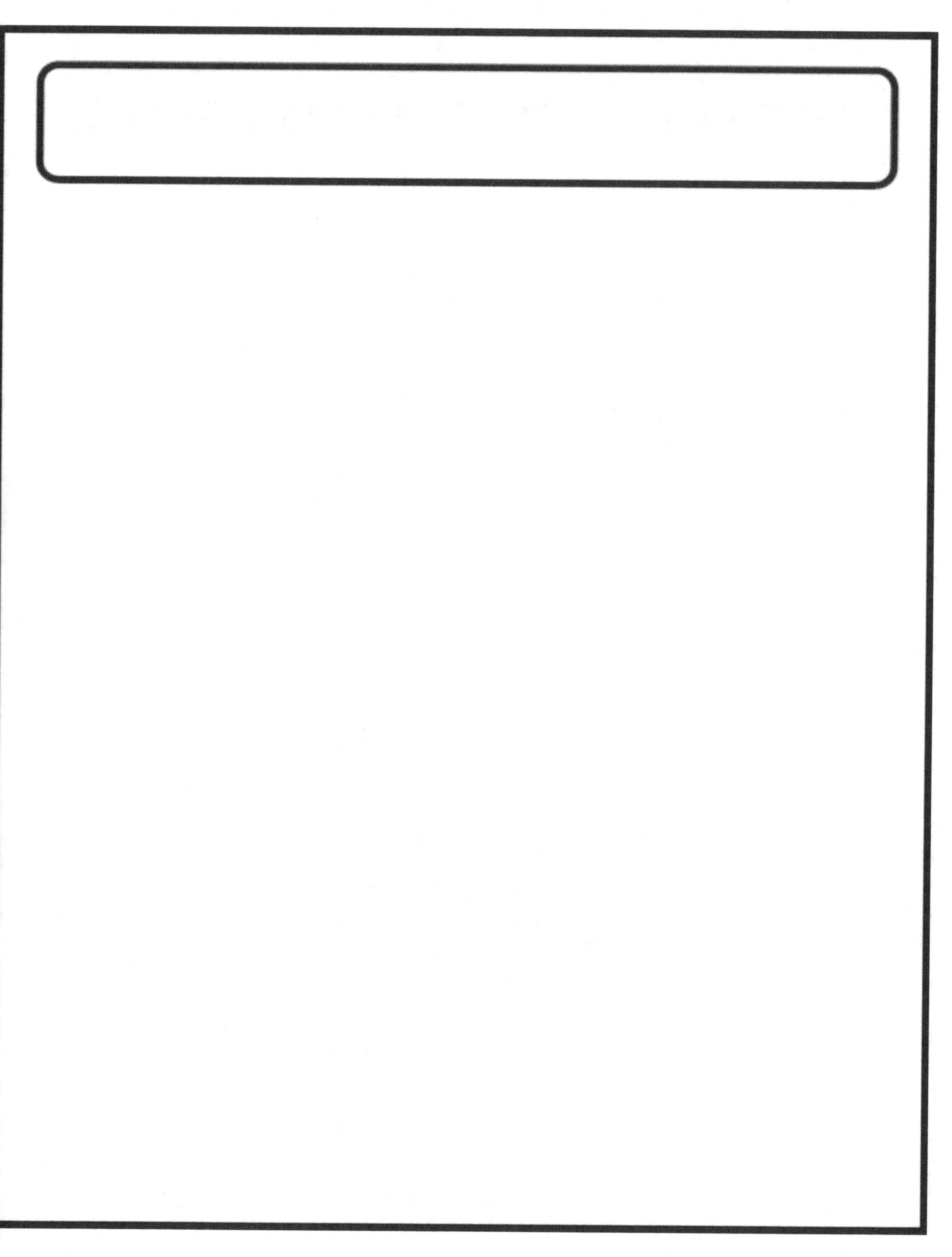

UN CAMION LIVRE DE COLORIAGE

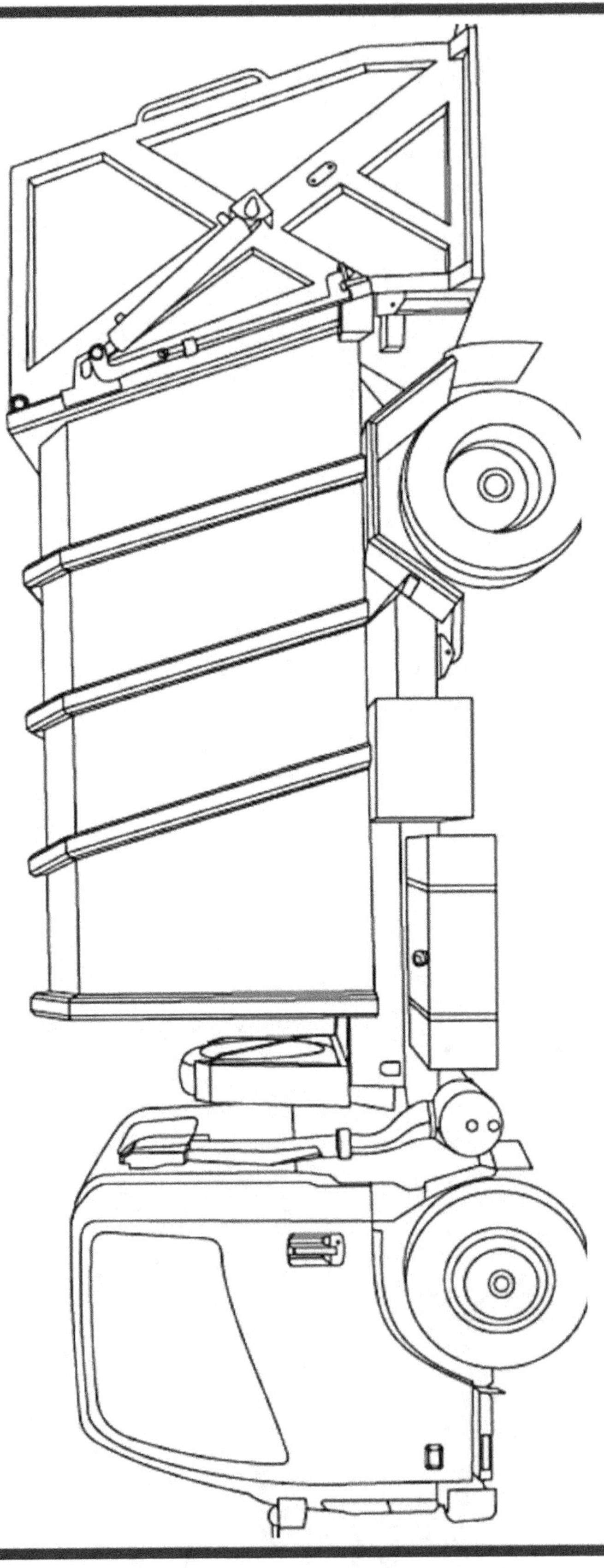

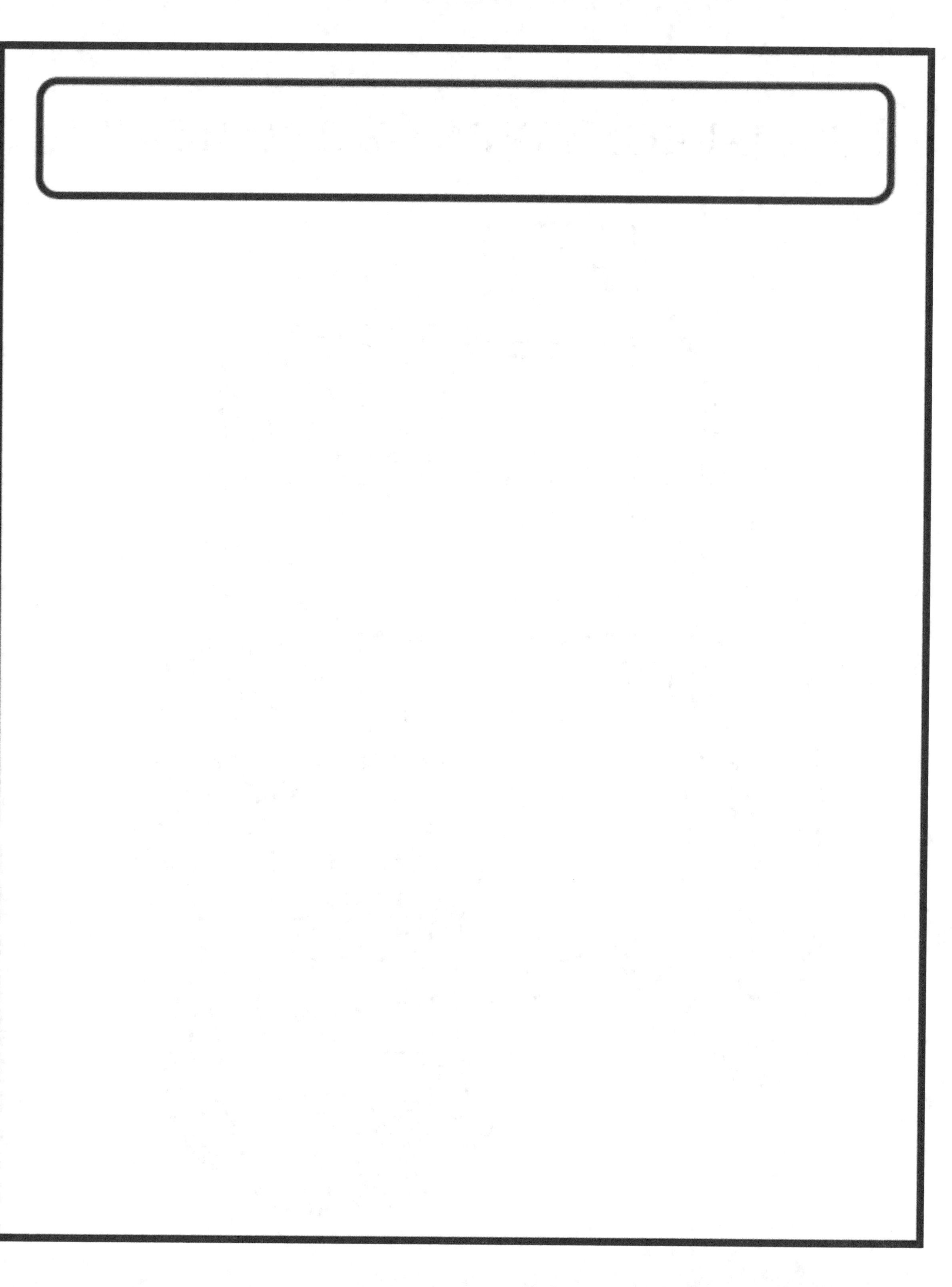

UN CAMION LIVRE DE COLORIAGE

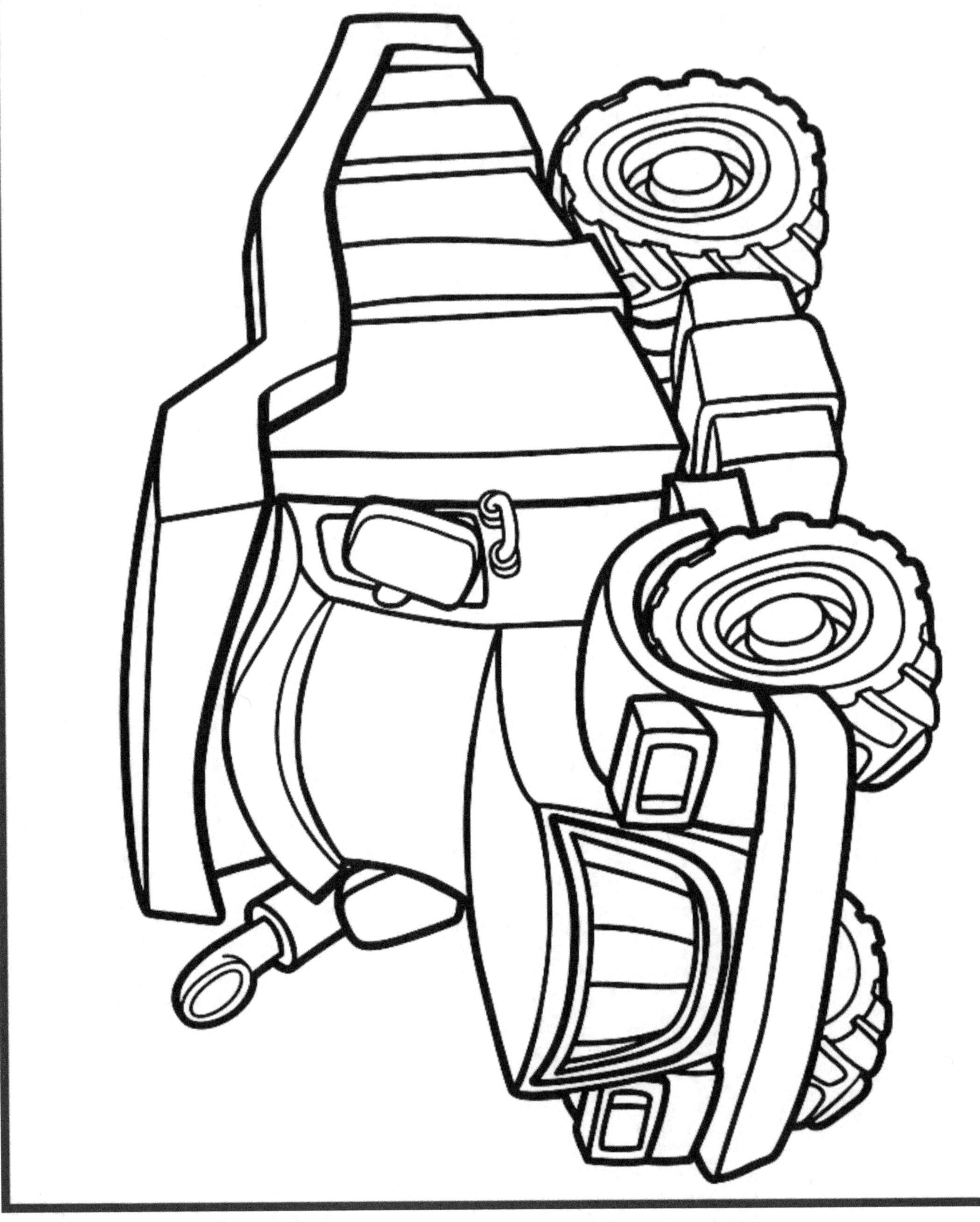

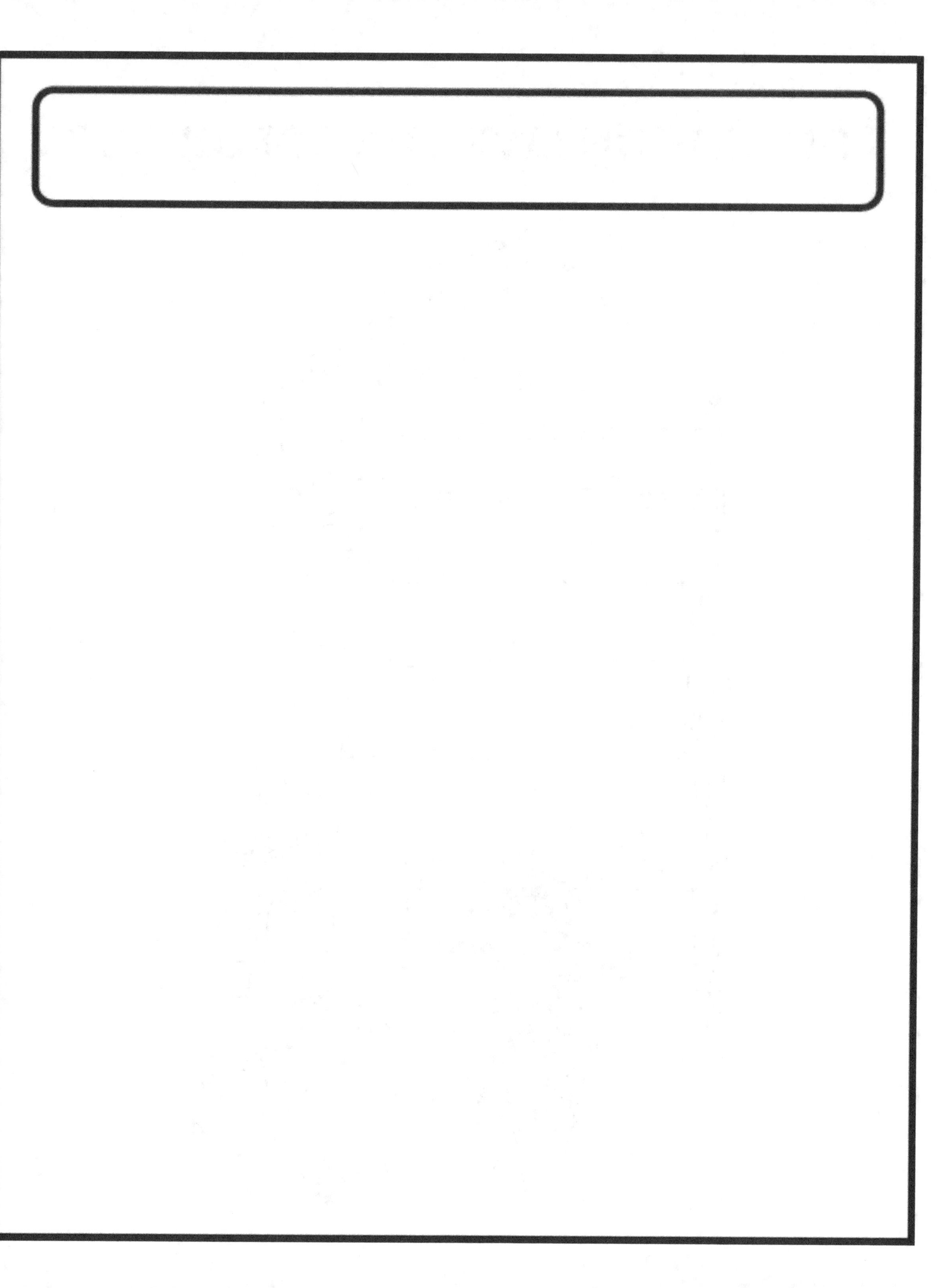

UN CAMION LIVRE DE COLORIAGE

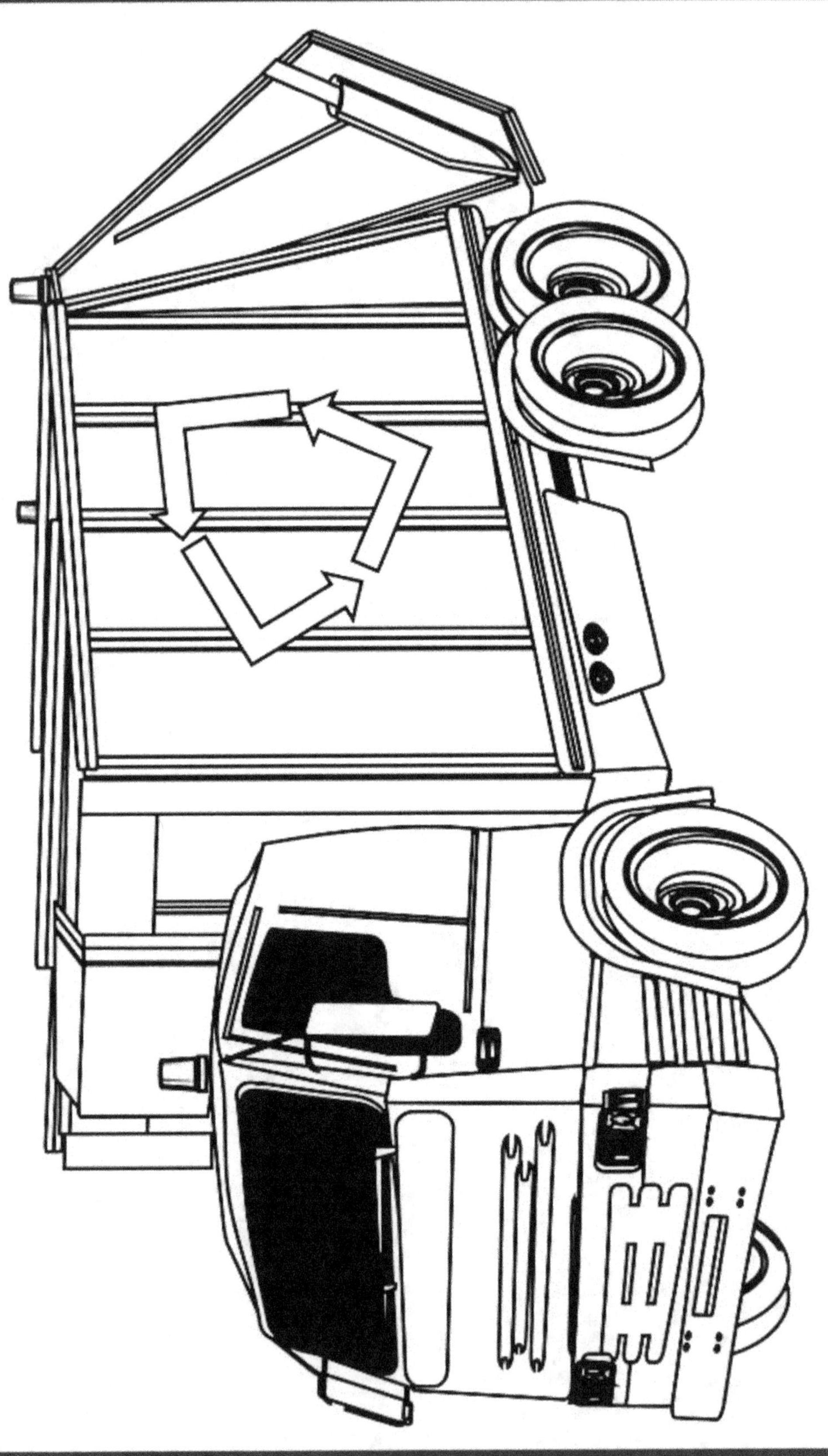

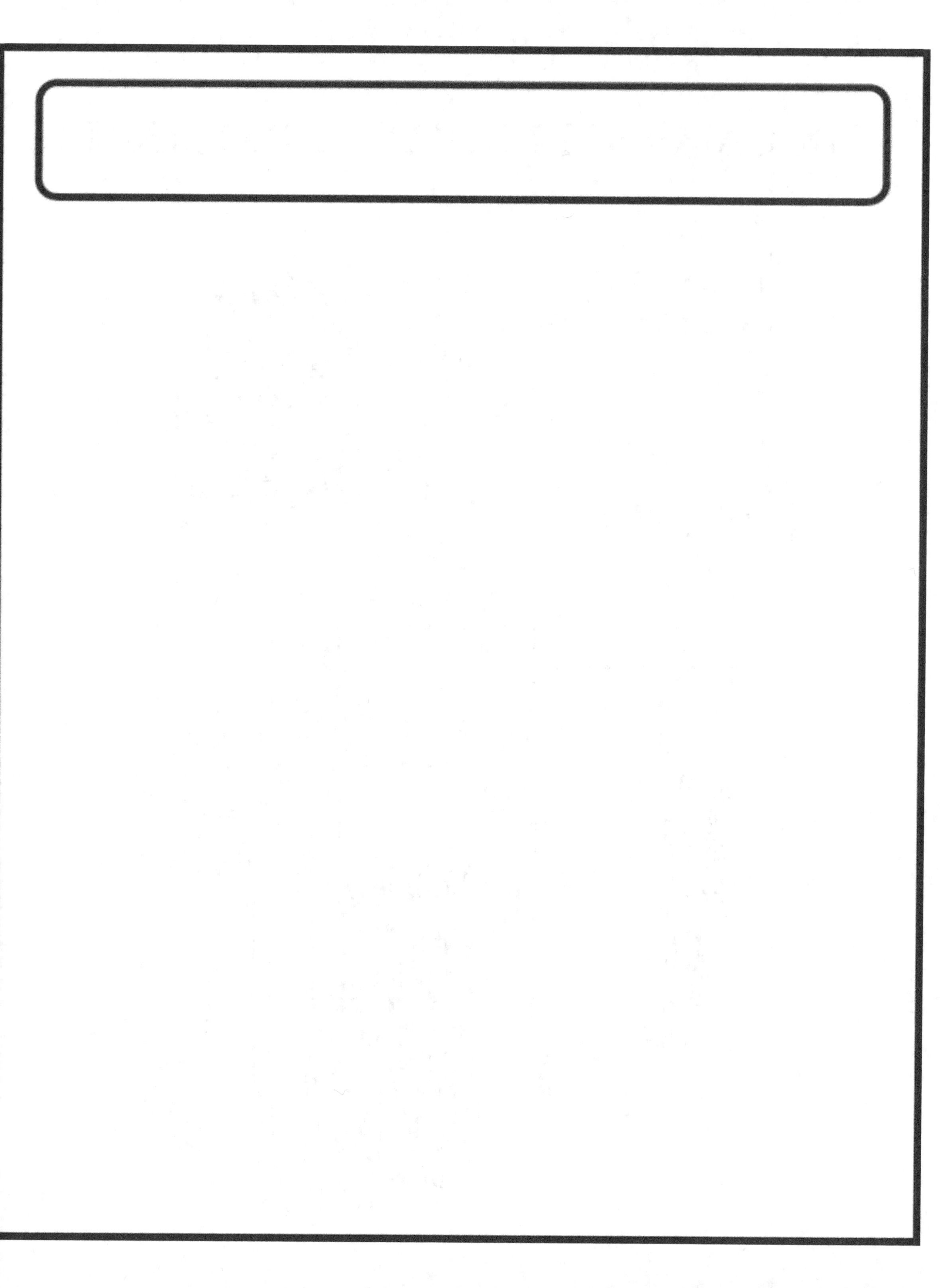

UN CAMION LIVRE DE COLORIAGE

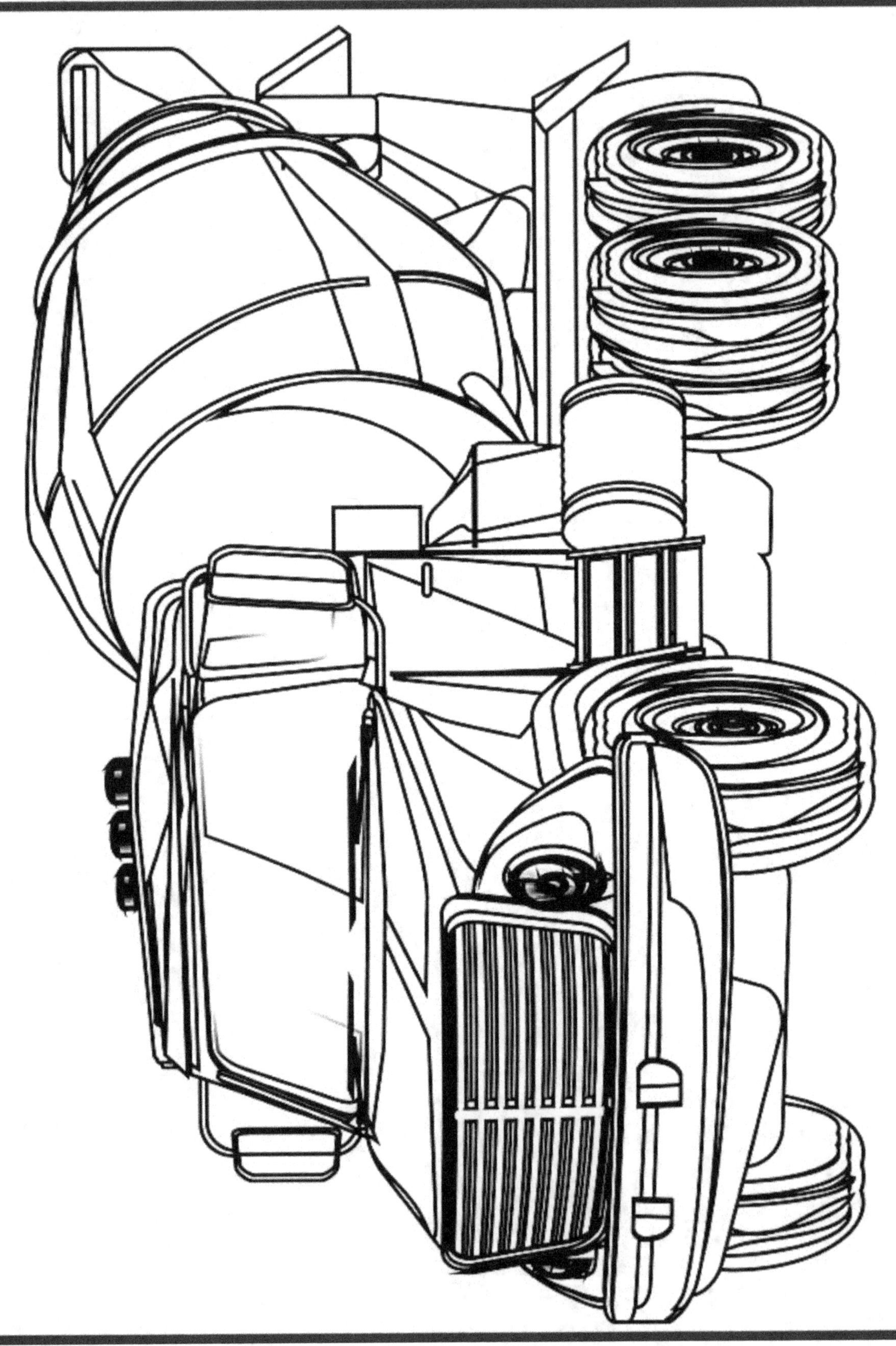

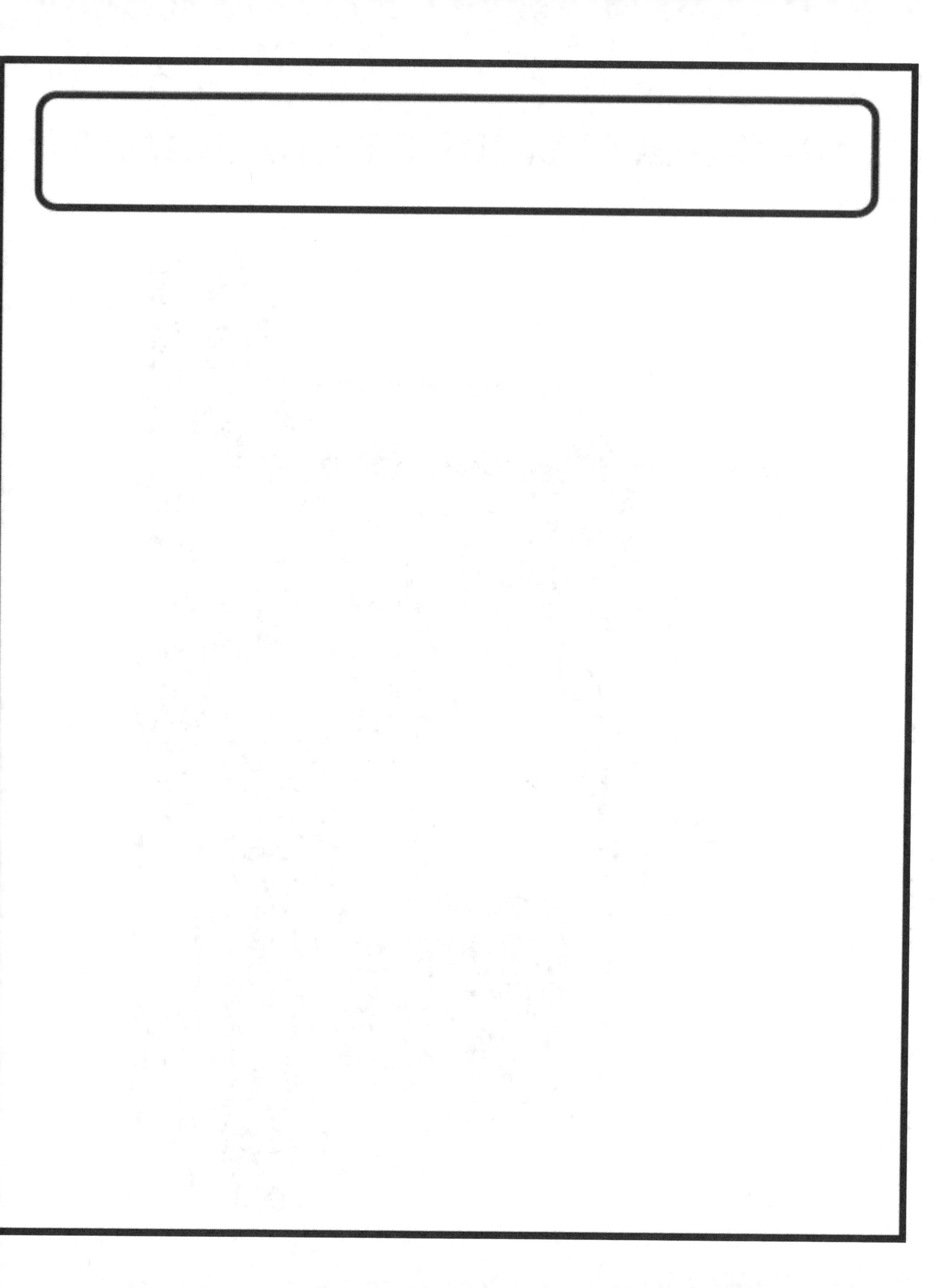

UN CAMION LIVRE DE COLORIAGE

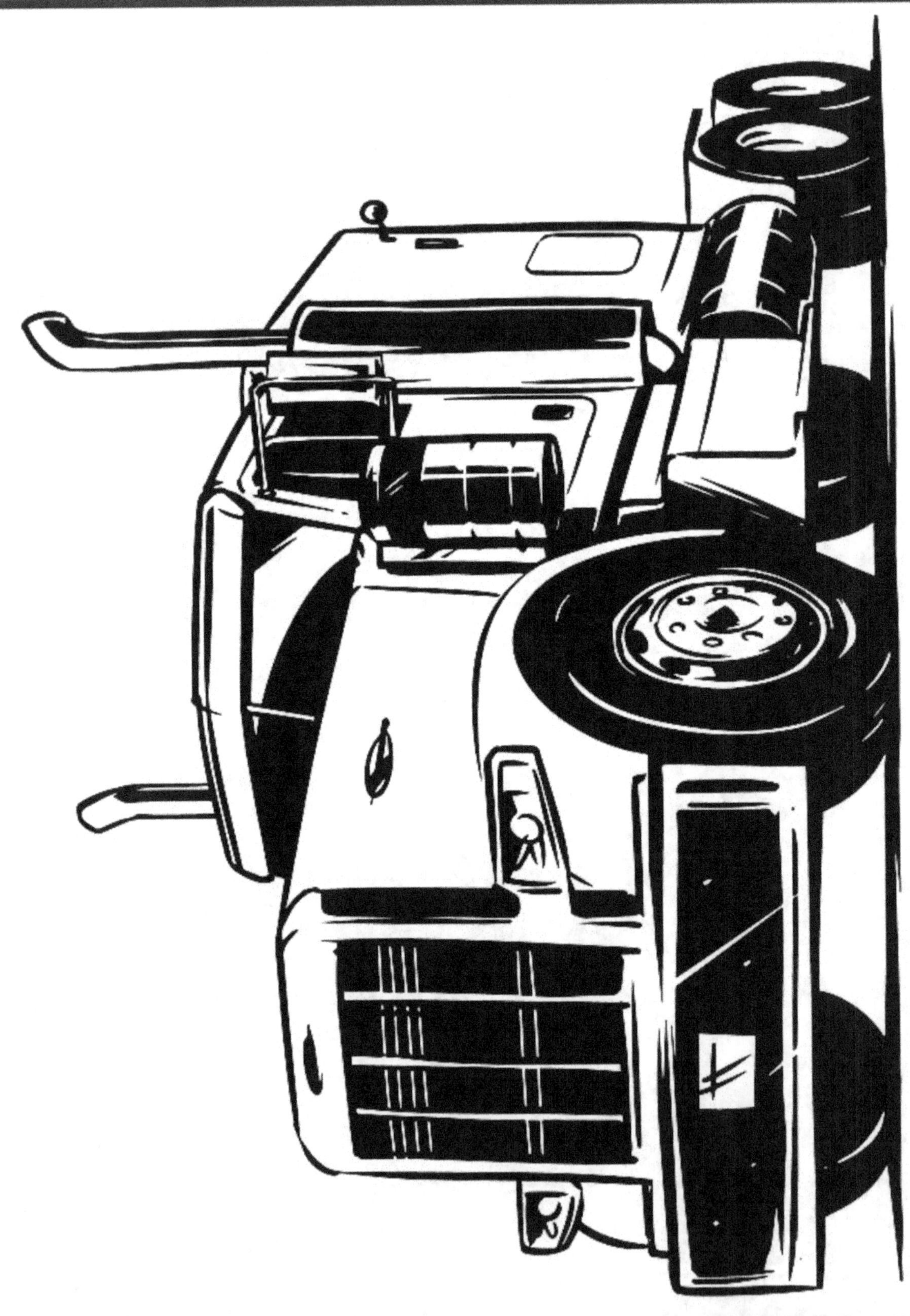

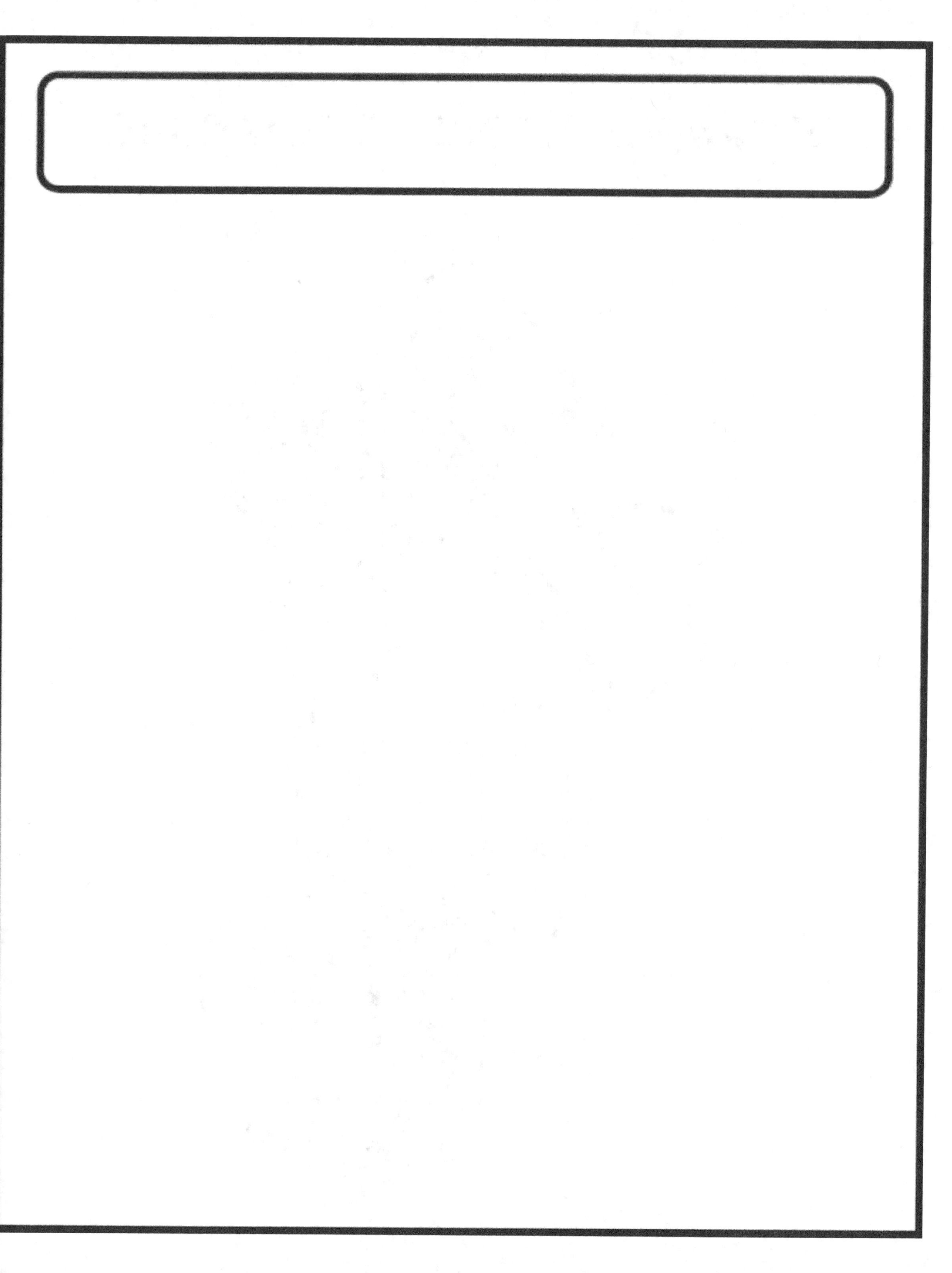

UN CAMION LIVRE DE COLORIAGE

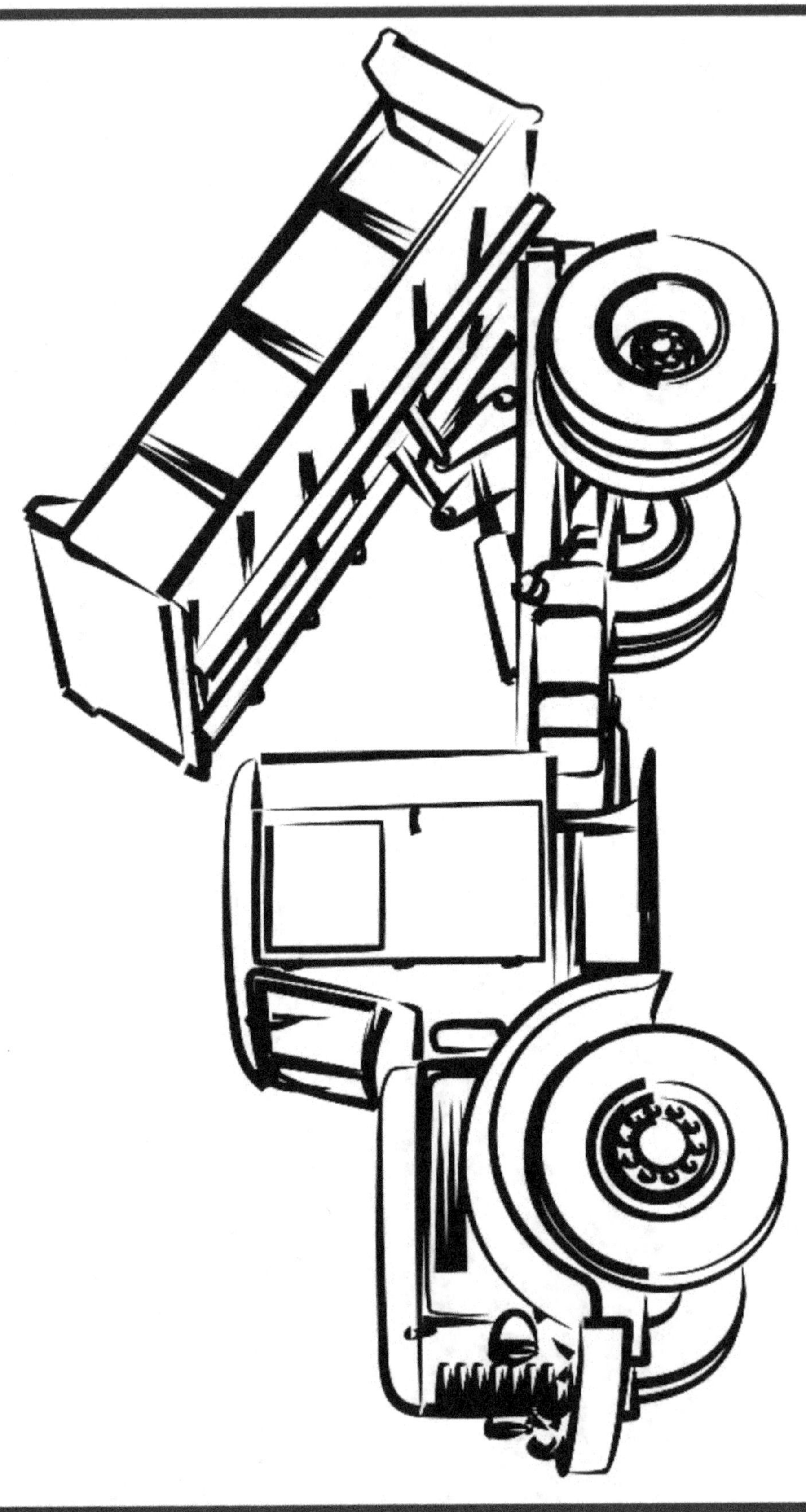

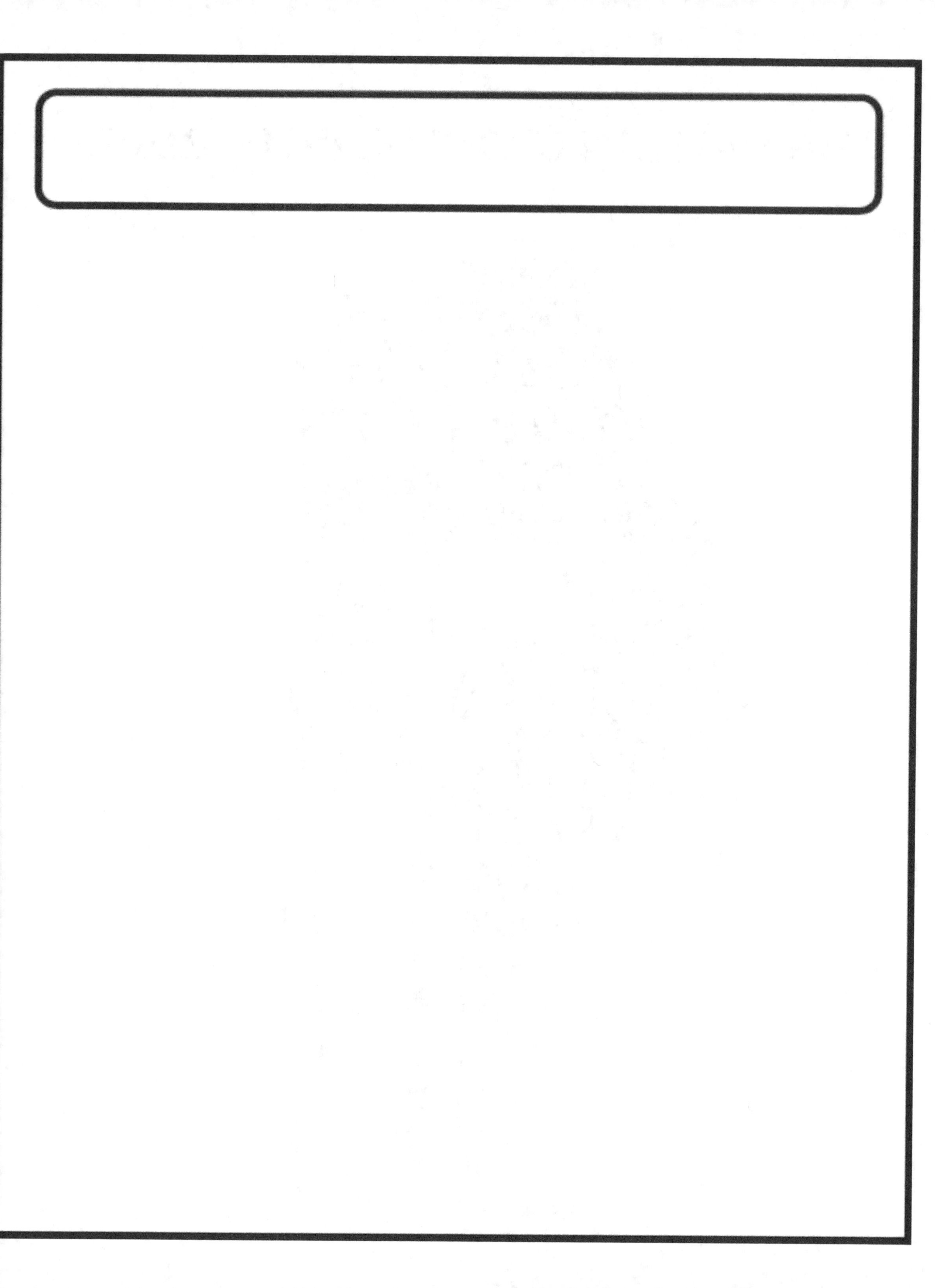

UN CAMION LIVRE DE COLORIAGE

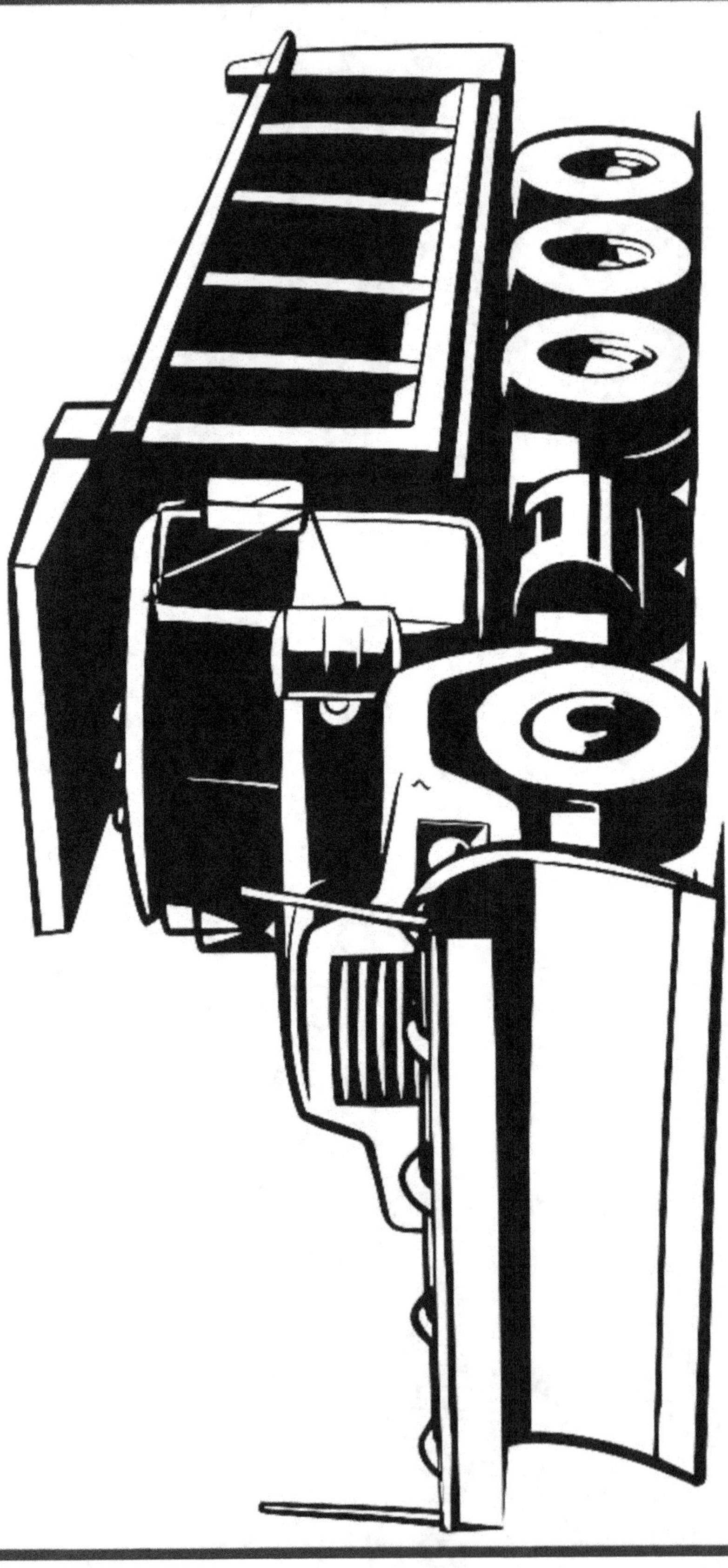

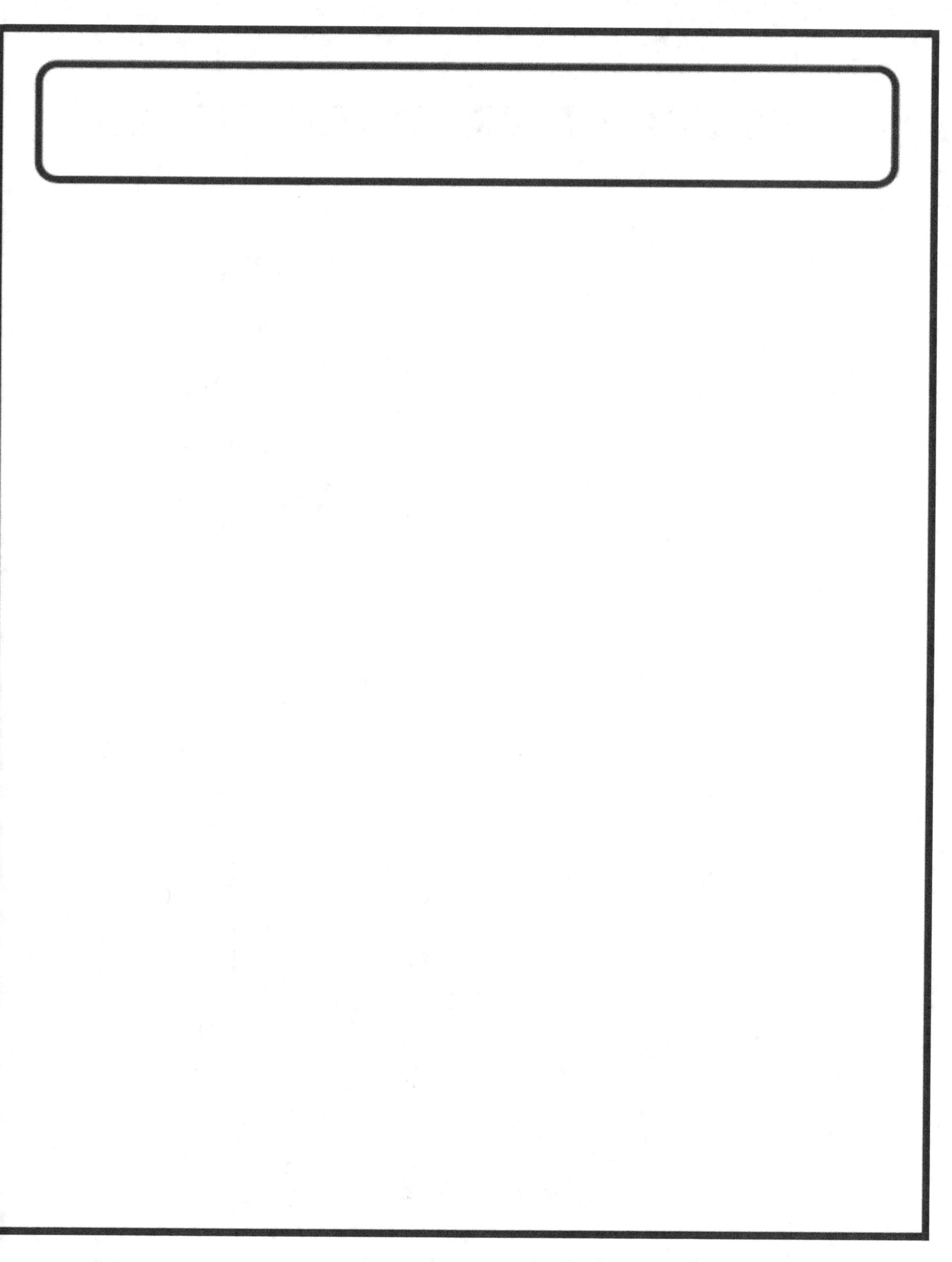

UN CAMION LIVRE DE COLORIAGE

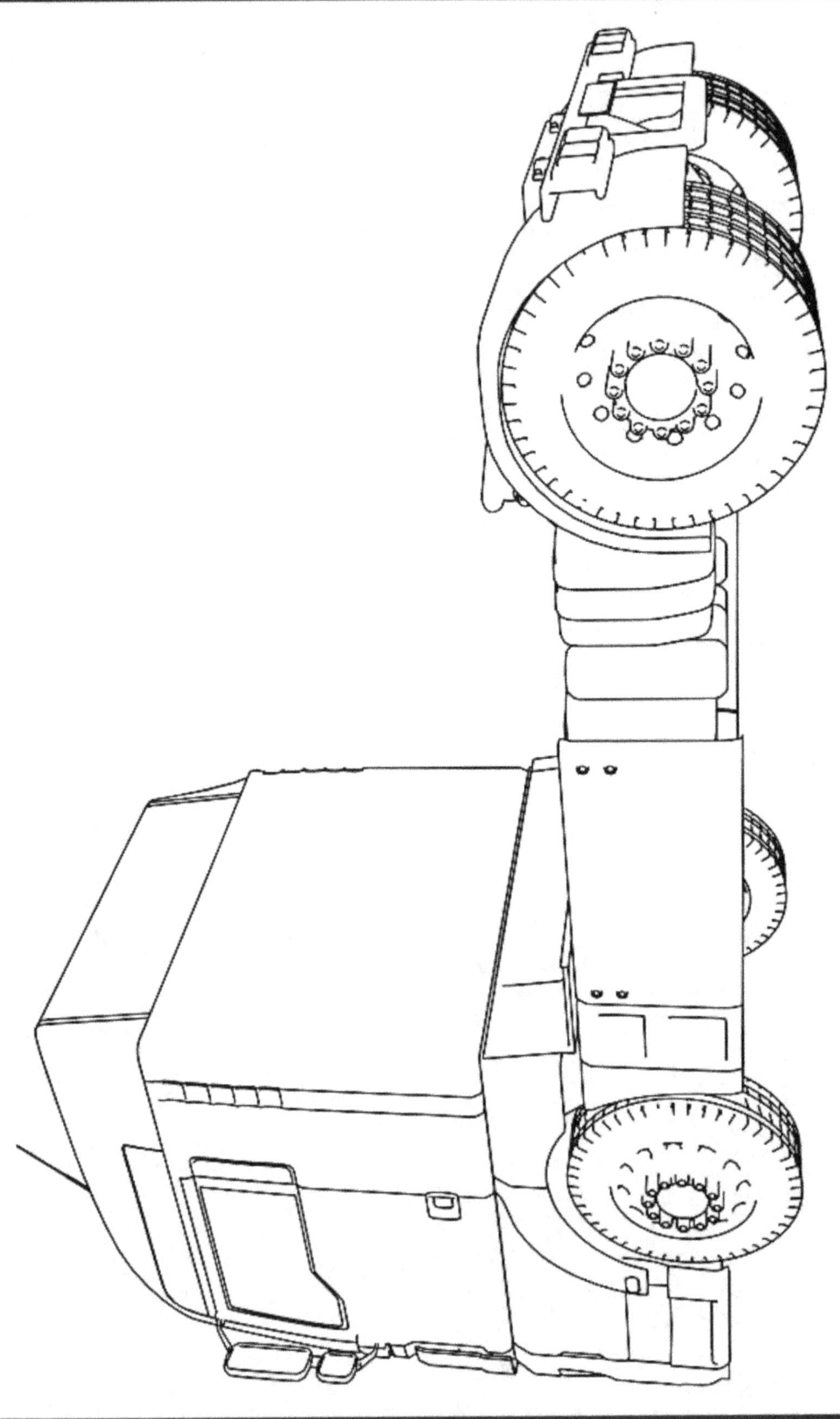

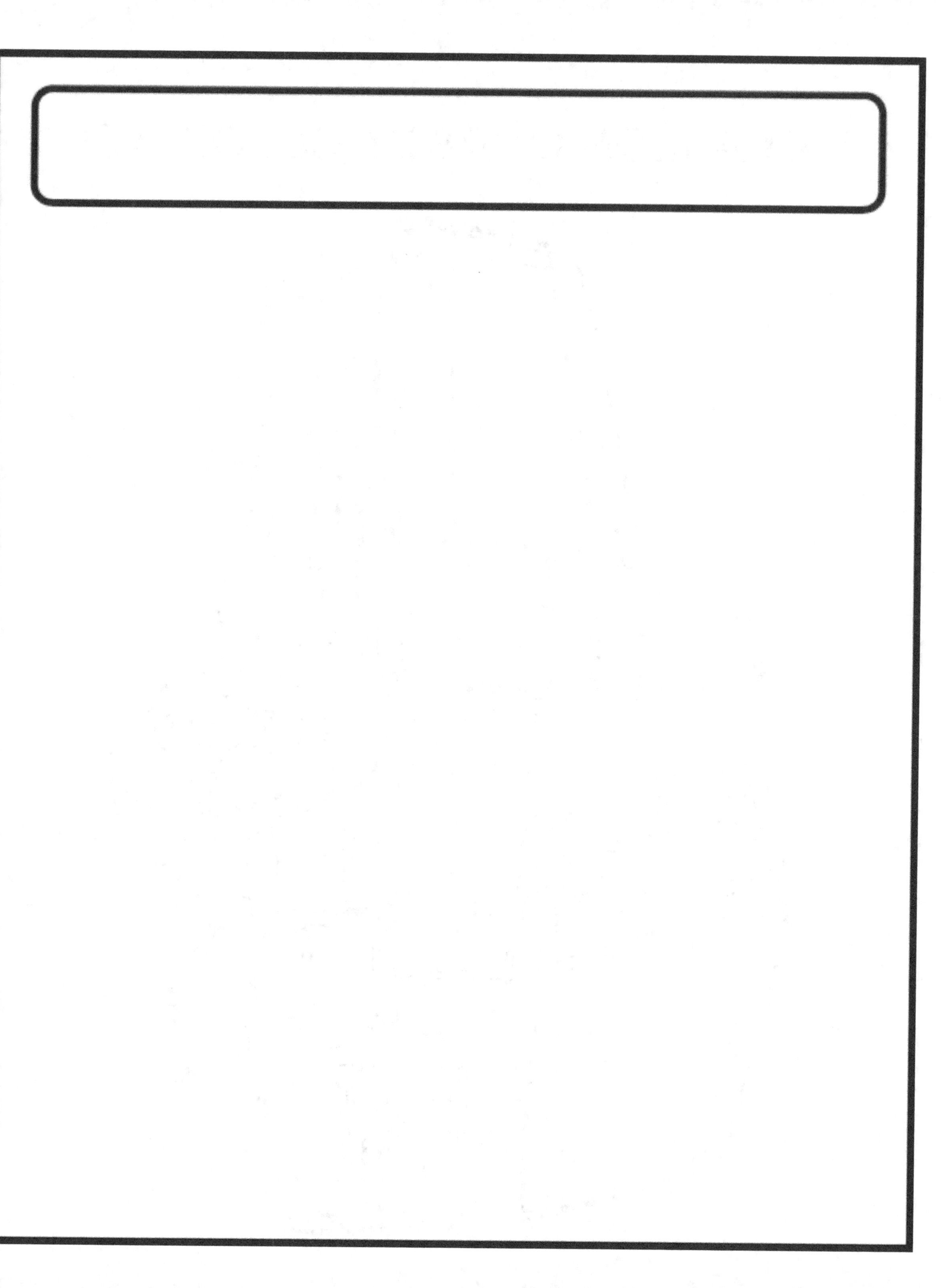

UN CAMION LIVRE DE COLORIAGE

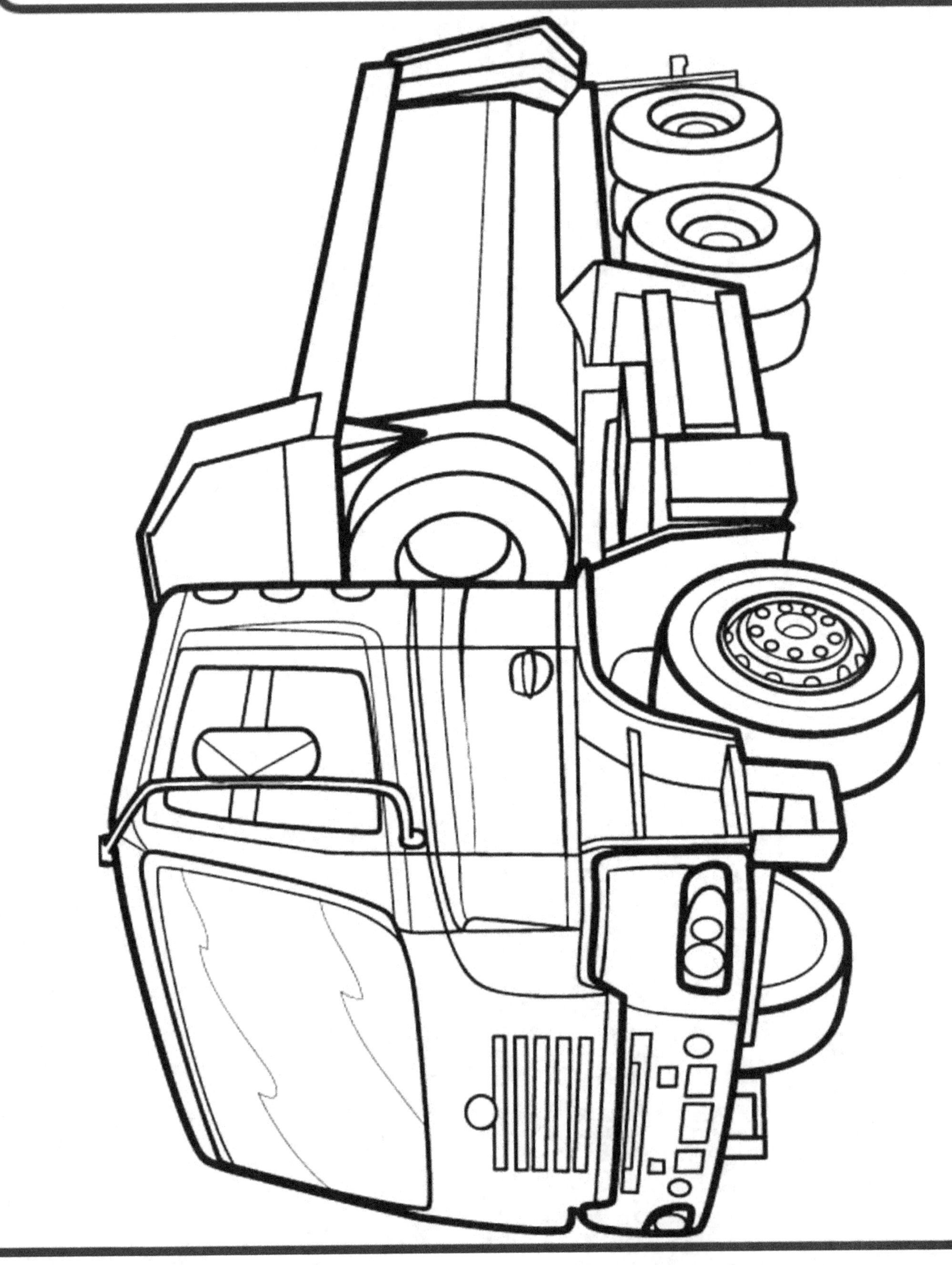

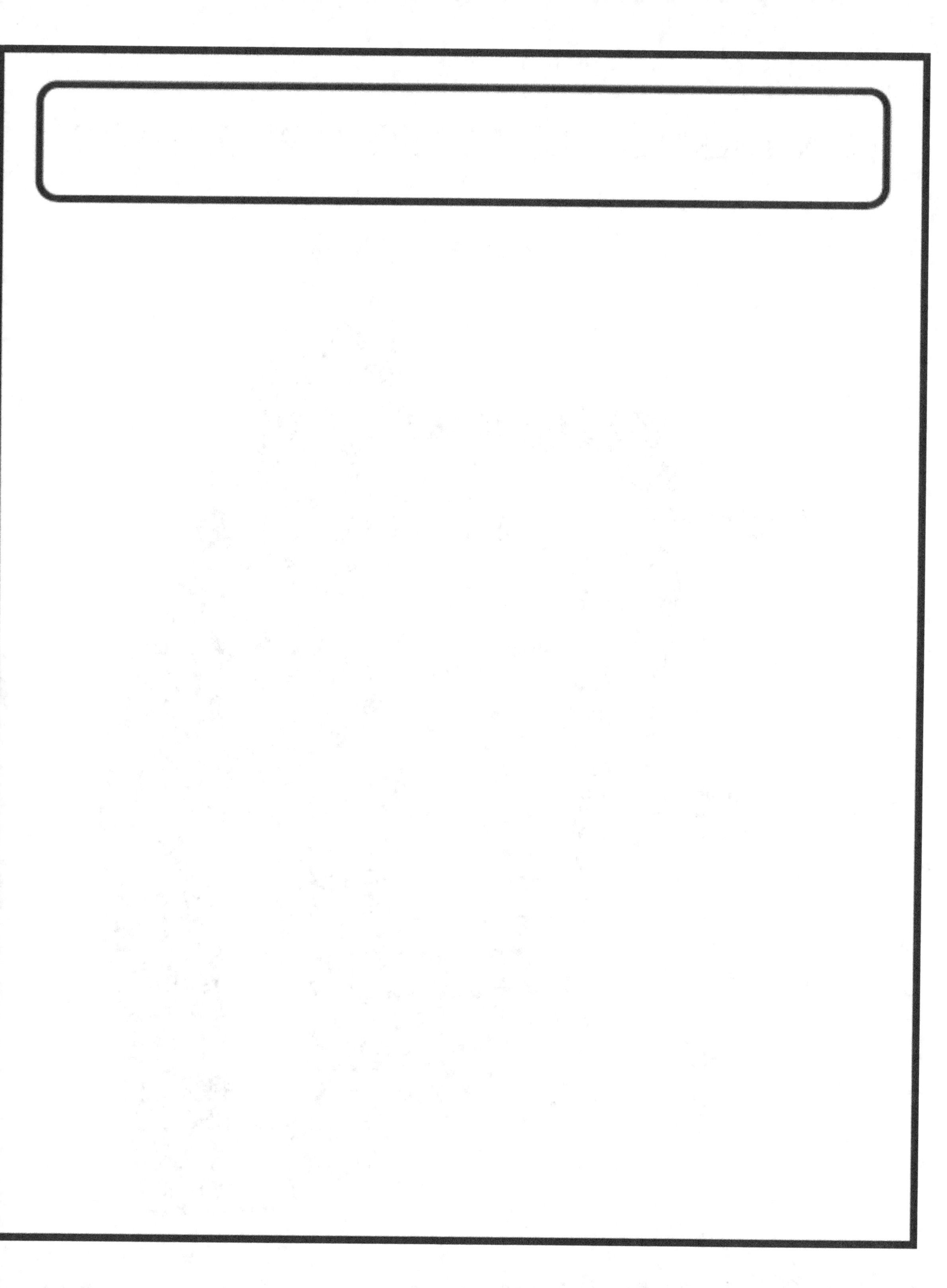

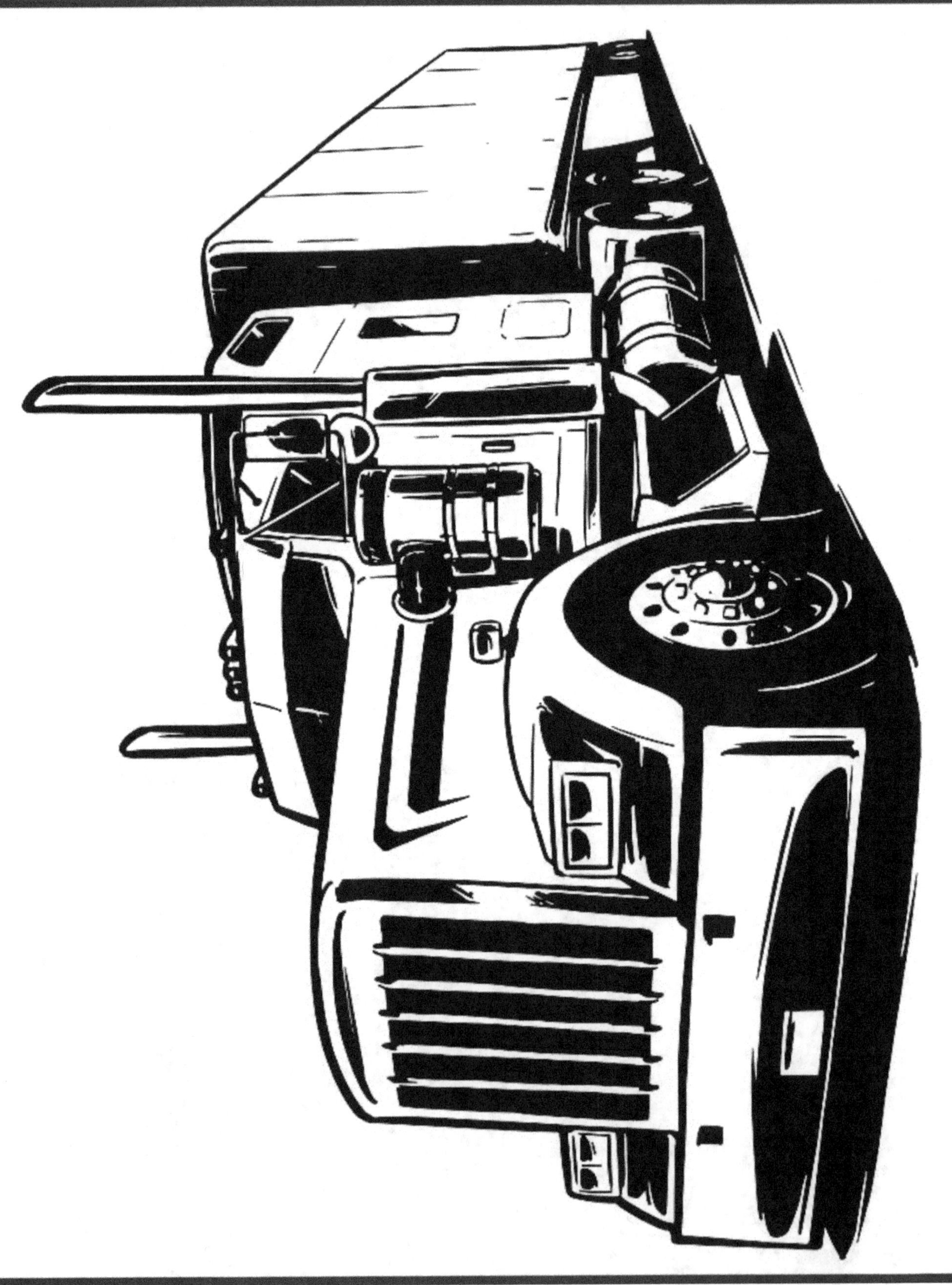

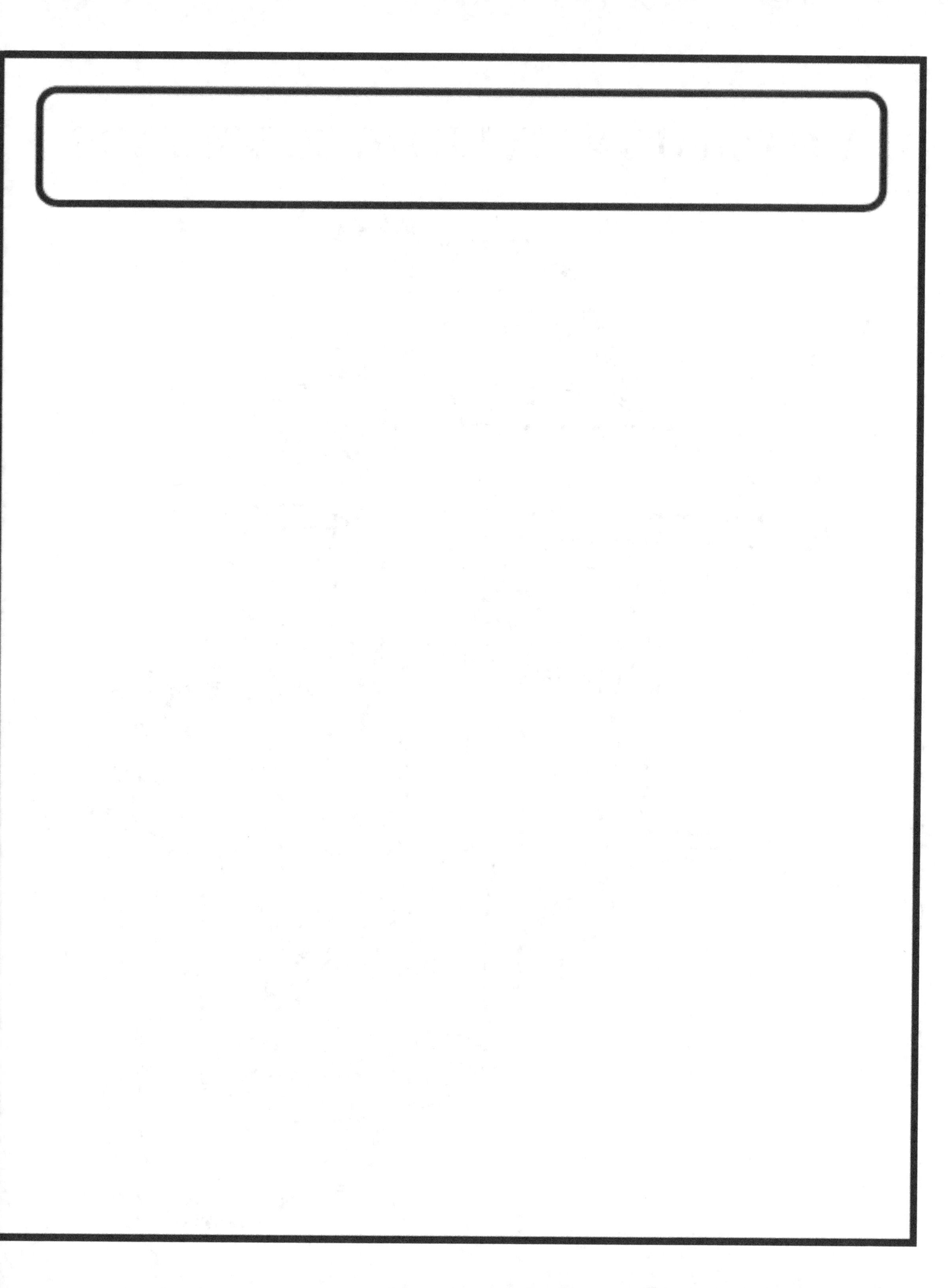

UN CAMION LIVRE DE COLORIAGE

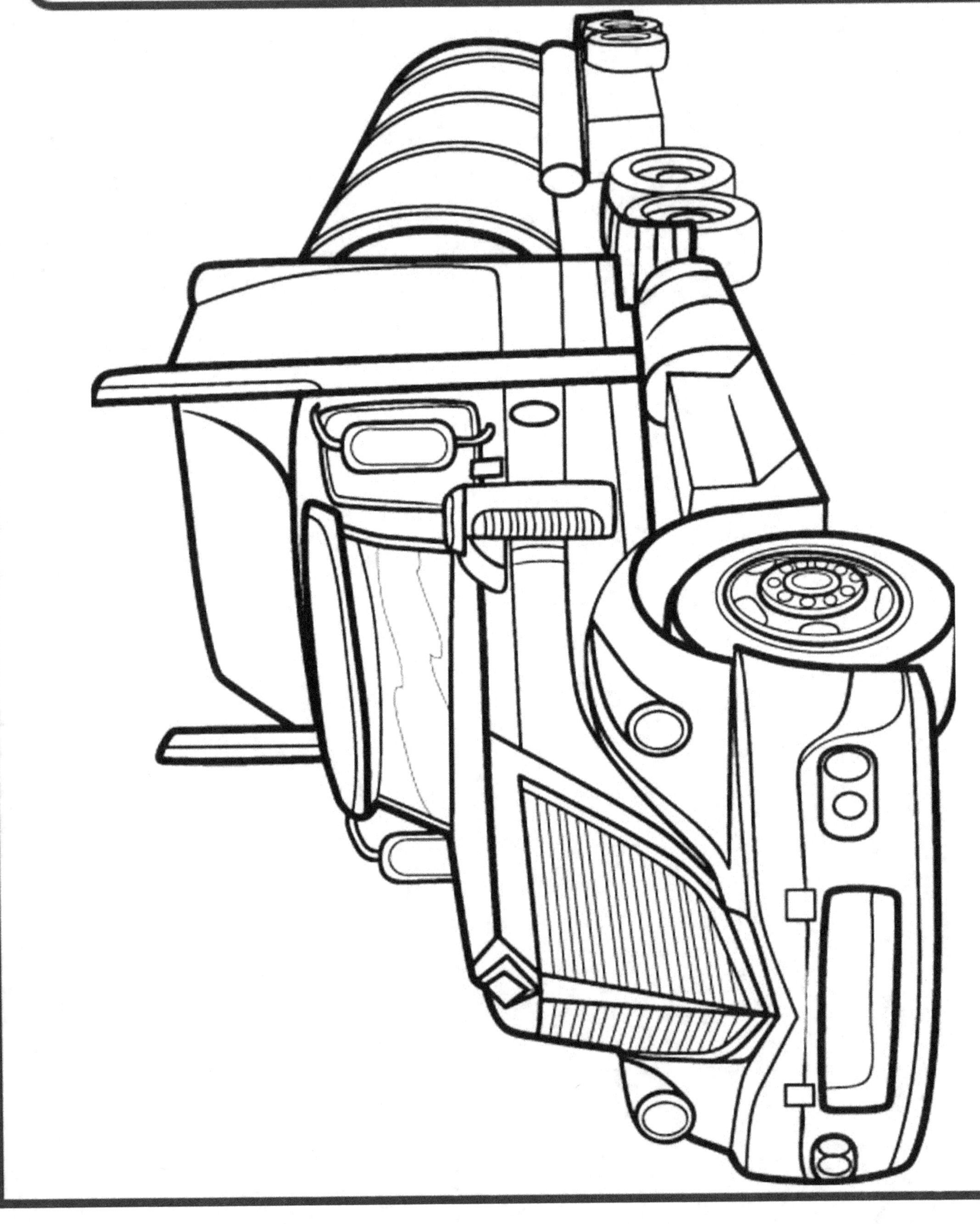

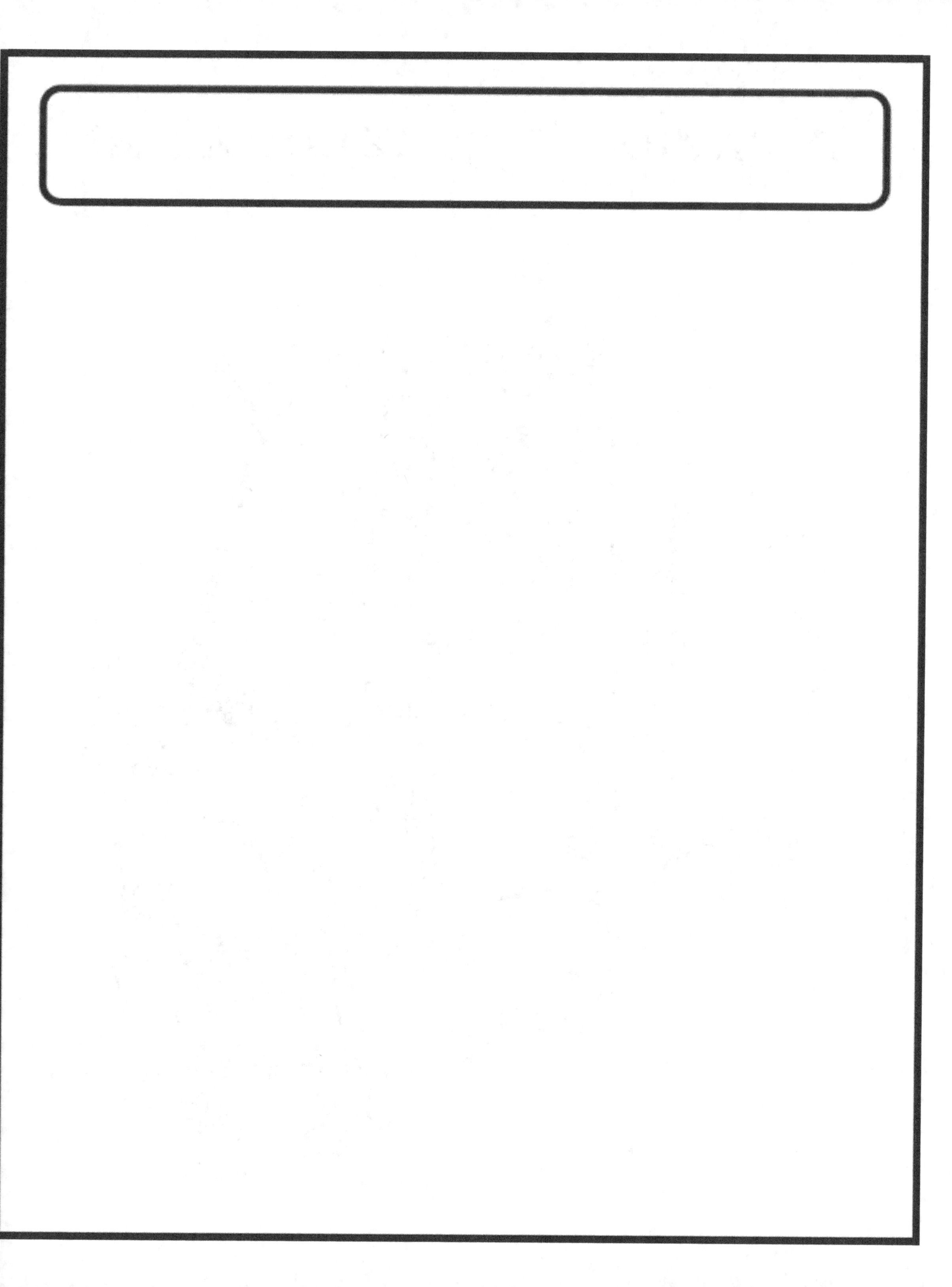

UN CAMION LIVRE DE COLORIAGE

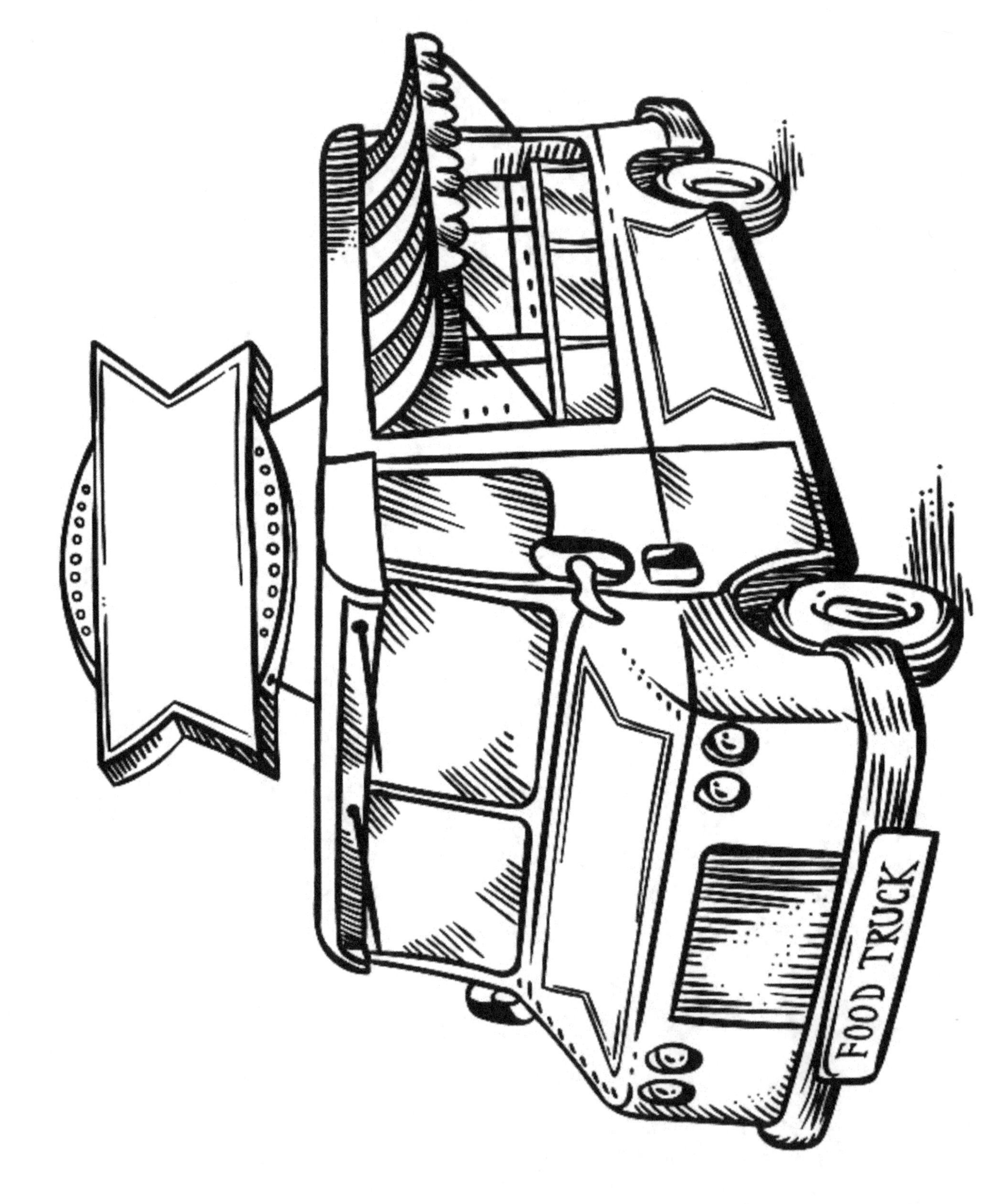

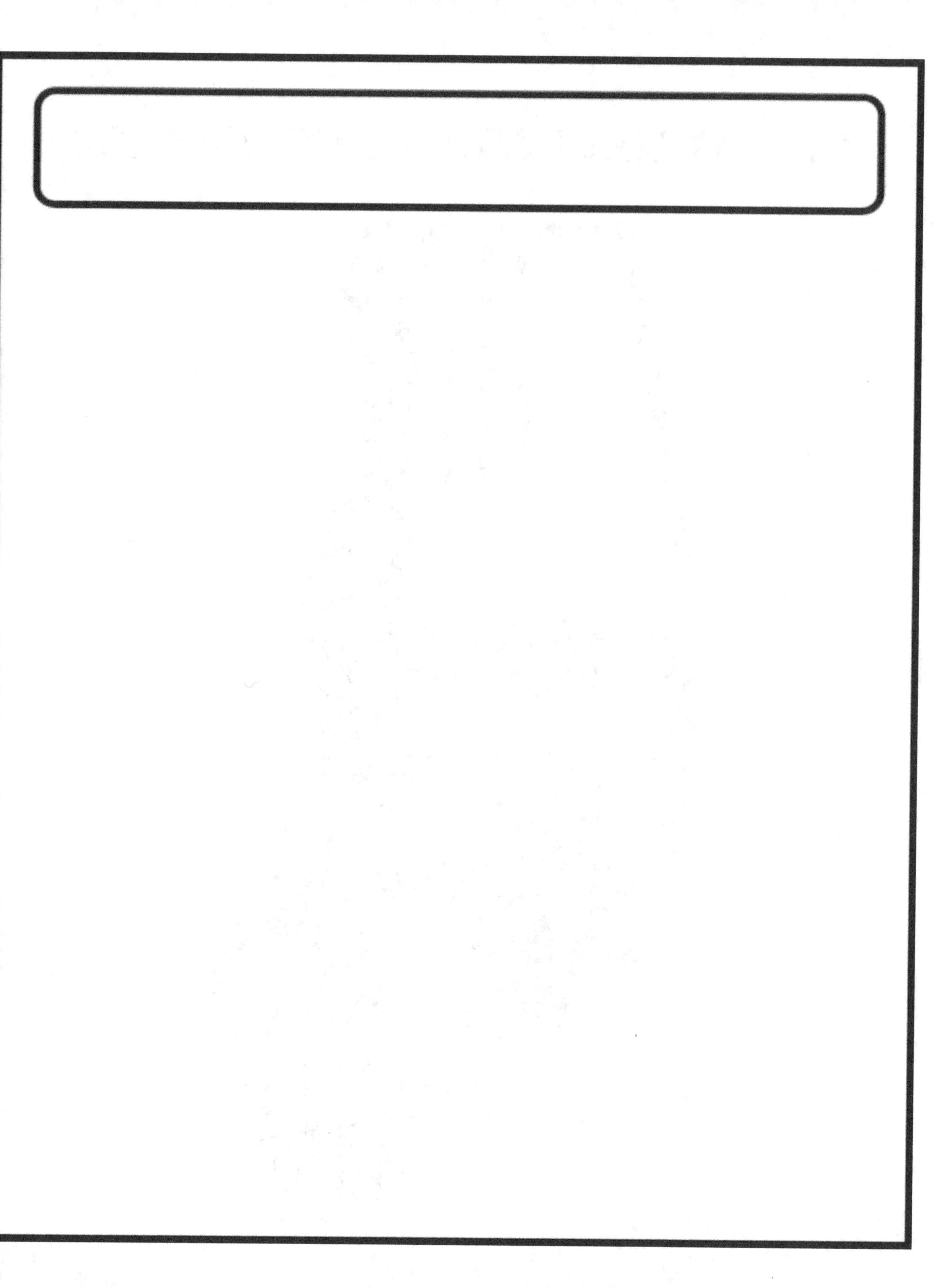

UN CAMION LIVRE DE COLORIAGE

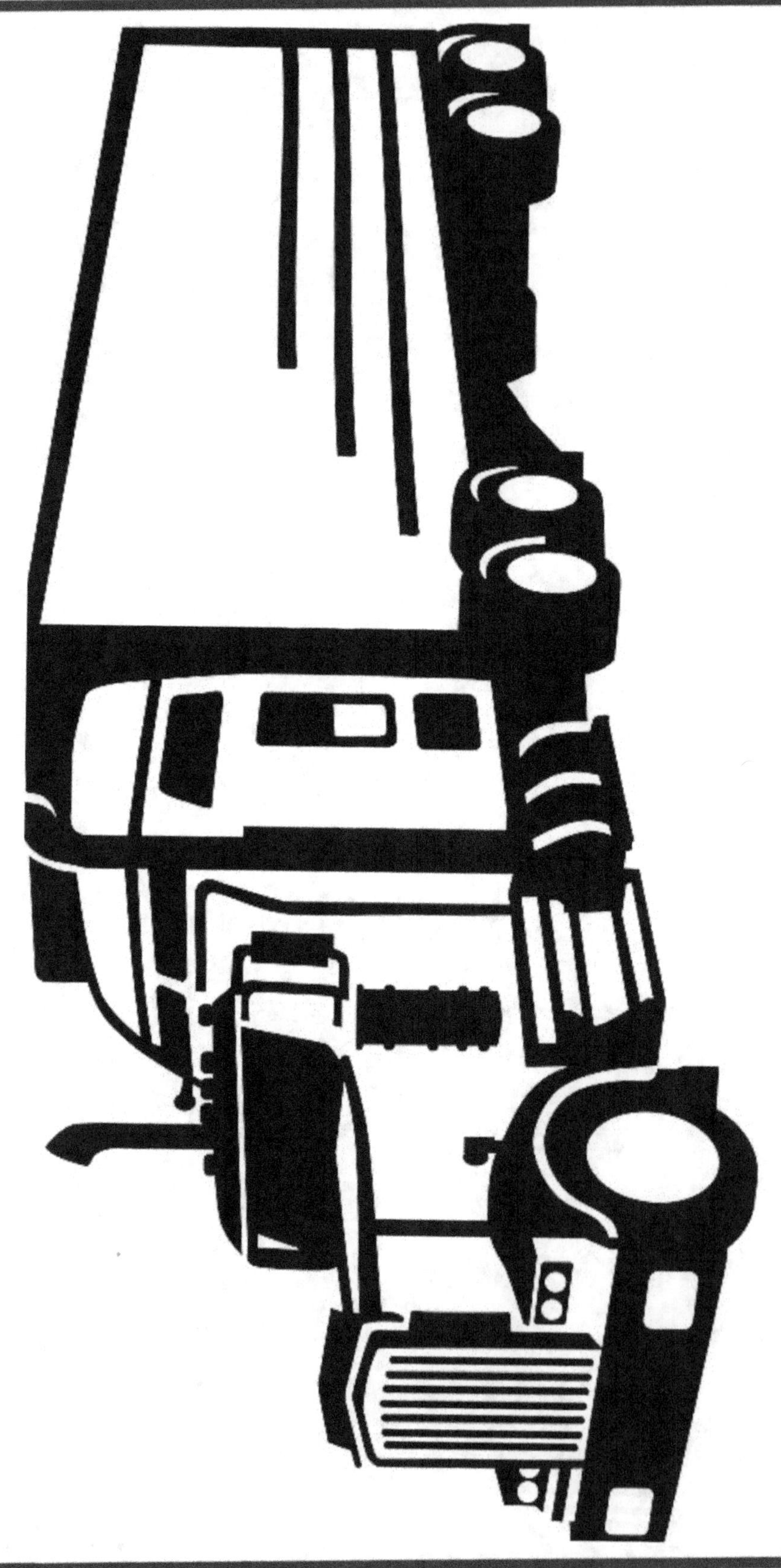

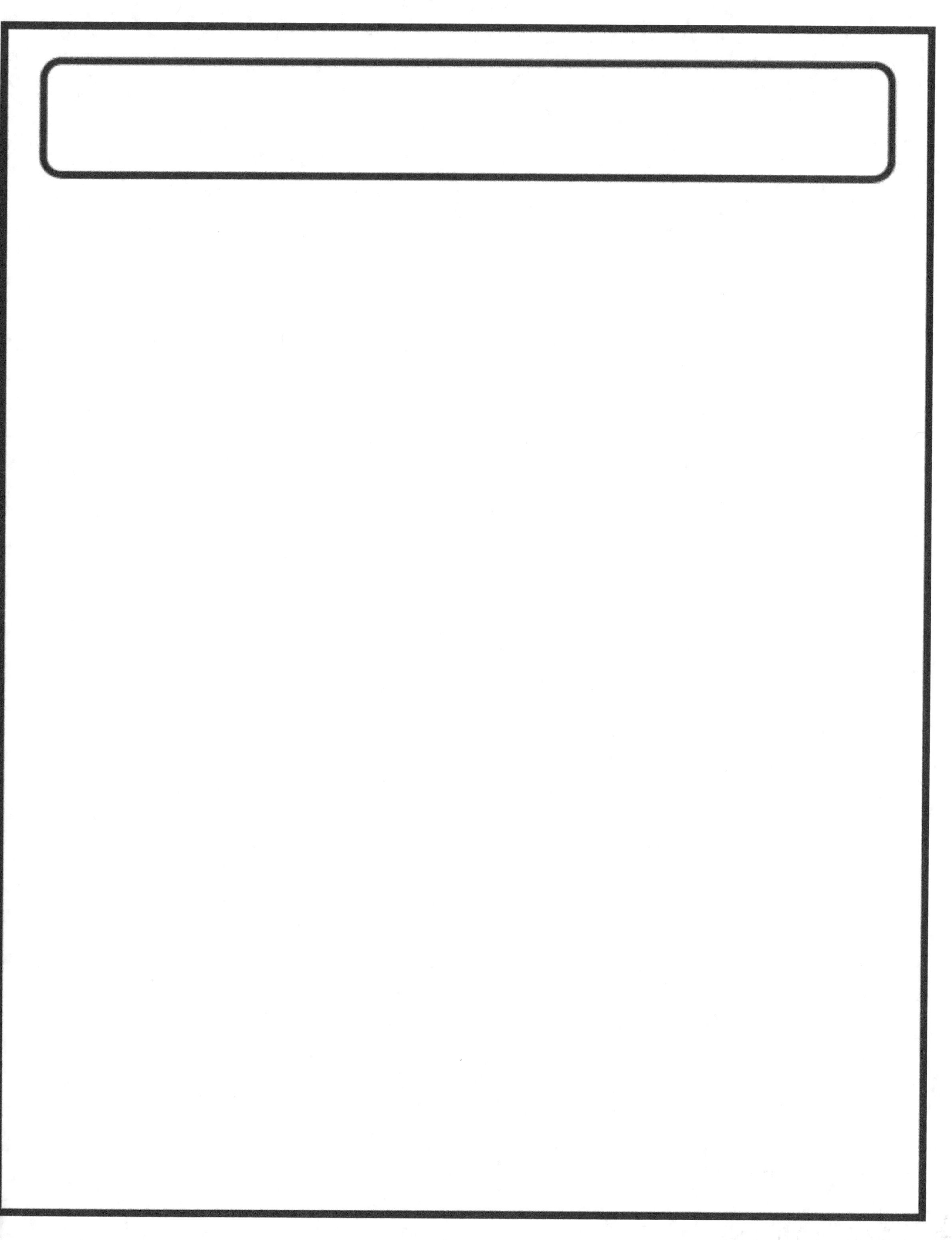